# So
## Easy !

### make things

simple and enjoyable

# 哥本哈根
## Copenhagen

著◎李清玉

Copenhagen

# 書系宣言

## 你是這樣旅行的嗎？

旅行指南書越厚資料越多越方便、安心？

但是，攜帶超不方便、重的要命，不帶又緊張兮兮、沒有安全感？

但是，輕薄重點式旅行才是聰明玩家！

## 本書為您詳細規劃：

1. 超詳細行程安排，從踏出飯店開始，幫你規劃全天行程細節，吃飯逛街下午茶，全都安排好，只要跟著走，包你盡興玩透透！

2. 超精緻地圖，所有大街小巷全都畫出來，讓你照著走、絕對不迷路！

3. 8大單元：

   1【See It】精選22大必遊景點，以及深度延伸專欄，一探城市文化與特色。

   2【Buy It】分區購物介紹，以及購買重點、消費習慣注意事項，伴手禮推薦。

   3【Taste It】特色餐廳介紹，還有經典菜色推薦，不管到哪都可以吃到最道地的美味料理。

   4【Watch It】介紹當地表演場所，包含舞蹈與戲劇、現場音樂、電影院影城等等。

   5【Do It】該城市最有名、最有意思的活動與節慶，從另一面體驗該城市的魅力生活方式。

   6【Hotel】依等級介紹星級飯店、商務飯店、青年旅館、平價旅館等。

   7【Out of Town】市區玩遍，到郊區走走吧！3條一日來回小鎮旅行，給旅途不一樣的感受。

   8【Info】城市黃頁簿，旅程中一切該知道的生活重要瑣事，都在這裡。

## 讓你也可以當旅行作家：

　　書後貼心設計萬用表格，記帳、日記、親友禮物採買清單、行程規劃、路上挖掘的私房景點、旅遊心得、隨筆小抄、收集的名片、電子照片……通通都可以貼進來，創造屬於你的旅遊筆記書，記錄每一次行程最難忘感動的體驗！

# 哥本哈根 目錄

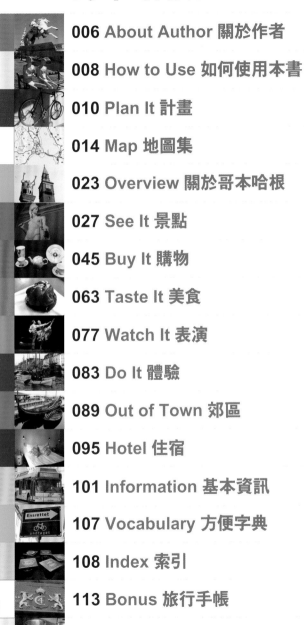

# 編輯室提醒

**出發前，請記得利用書上提供的 data 再一次確認。**

每一個城市都是有生命的，會隨著時間不斷成長，「改變」於是成為不可避免的常態，雖然本書的作者與編輯已經盡力，讓書中呈現最新最完整的資訊，但是，我們仍要提醒本書的讀者，必要的時候，請多利用書中的電話，再次確認相關訊息。

**資訊不代表對服務品質的背書。**

本書作者所提供的飯店、餐廳、商店等等資訊，是作者個人經歷或採訪獲得的資訊，本書作者盡力介紹有特色與價值的旅遊資訊，然而，「服務」是一種「人為」，作者無法為所有服務生或任何機構的職員背書他們的品行，甚或是費用與服務內容也會隨時間調動，所以，因時因地因人，您可能會與作者的體會不同，這也是旅行的特質。請讀者培養電話確認與查詢細節的習慣，來保護自己的權益。

**誠摯歡迎指教，幫助我們成長。**

過去太雅旅遊書，透過非常多讀者的來信，得知更多的資訊，甚至幫忙修訂，非常感謝您們幫忙的熱心與愛好旅遊的熱情。歡迎讀者將您所知道的變動後訊息，提供給太雅旅行作家俱樂部：taiya@morningstar.com.tw

太雅旅行作家俱樂部

# Copenhagen

## 作者序

### I ❤ CPH，我愛哥本哈根。

　　我跟這個城市的情誼，是當年負笈南瑞典時開始建立的。當時哥本哈根的卡斯楚機場是我進出北歐的門戶，每當思鄉情切懷念起塵囂的時候，就跳上跨越松德海峽的火車，到哥本哈根的市政廳廣場上，感受周遭的車水馬龍和人潮脈動。移居挪威後我又數度造訪，每次去都既像拜訪一個老友，又有動人的新發現。

　　人口僅一百多萬，跟紐約、巴黎、東京等國際大都會相比，哥本哈根的塵囂只不過是小巫見大巫，但其內涵卻絲毫不相形見絀。雍容大器的王室傳統、安徒生的童話繽紛、以及簡潔雅緻的現代設計，都是這個城市的招牌特色。海港、運河、湖泊環繞的親水位置，為城市的樣貌增添了幾分清麗；自行車道上的快腳踩飛輪，也讓這裡充滿活力朝氣。

　　近年來北歐在台灣的能見度越來越高，丹麥曾被評比為世界上最快樂的國度，也許很多人會因此感到好奇，想去一探究竟。除了觀光景點以外，這裡的設計和生活美學也值得遊客們細細品味。總之很高興有機會透過指南的編著，帶領大家認識這個讓我由衷喜愛的北歐城市。書能順利誕生，要特別感謝太雅編輯和美編們的齊心努力，還有所有幫助過我的丹麥朋友，Tak for hjælpen!

　　在哥本哈根蒐集資料時我正懷著身孕，我的兒子小樹在肚子裡陪著我一同東奔西跑，十分配合。所以這本書是屬於他的，我的乖寶寶。

李清玉

## 關於清玉

六年級前段班，台大工學院畢，瑞典隆德大學碩士，現居挪威。深信旅行能為人生帶來靈感並增添幸福。著有《學北歐人過生活》一書。

# 如何使用本書

**Plan It 計畫**
精心規劃2日遊、1日遊行程，密集效率遊逛哥本哈根。

**Out of Town 郊區**
周邊精緻小鎮一日遊，給旅途不一樣的感受。

**Map 地圖集**
全哥本哈根地圖、地鐵、郊區，以及詳細的市中心各區大街小巷地圖，全都有。

**Hotel 住宿**
依等級介紹星級飯店、商務飯店、青年旅館、平價旅館等。

**Overview 關於哥本哈根**
對哥本哈根的第一次接觸。

**Information 基本資訊**
城市黃頁簿，一切該知道的事，都在這裡。

**See It 景點**
必看景點、延伸專欄，深入了解哥本哈根的文化與特色。

**Vocabulary 方便字典**
基本溝通用語，旅程中不手忙腳亂。

**Buy It 購物**
購物區介紹、購買重點、消費注意事項，伴手禮推薦。

**Index 索引**
地名、商店、路名，快速查閱地圖、書中位置。

**Taste It 美食**
特色餐廳介紹、經典菜色推薦，享用最道地美味料理。

**Bonus 旅行手帳**
精心設計了伴手禮採買計畫表、12天份行程計畫表、私房新發現記錄表、個人重要聯絡卡、行李檢查表，還有預算控制小幫手記帳本，囊括餐飲、物、門票、車票、機票、船票，邊旅行邊記錄，這本小書全部搞定！

**Watch It 表演**
哥本哈根表演場所，舞蹈與戲劇、現場音樂全都包。

**Do It 體驗**
親身體驗最有意思的在地活動與節慶。

書中代號
S-景點、B-商店、T-餐廳
W-展演地、H-旅館

單元依照顏色區分，清楚好辨識

| 關於 | 景點 | 購物 | 美食 | 表演 | 體驗 |
| 郊區 | 住宿 | 基本資訊 | 方便字典 | 行程規劃 | 索引 |

分區特色介紹

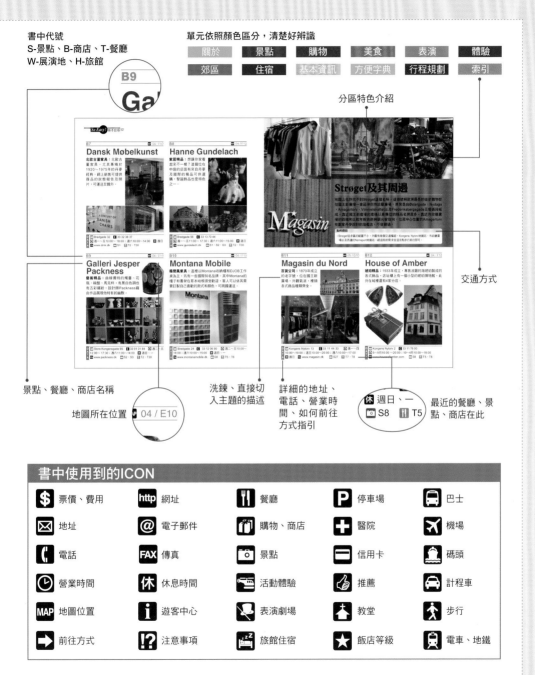

景點、餐廳、商店名稱

地圖所在位置　04 / E10

洗鍊、直接切
入主題的描述

詳細的地址、
電話、營業時
間、如何前往
方式指引

交通方式

休 週日、一
S8　T5

最近的餐廳、景
點、商店在此

## 書中使用到的ICON

| | | | | |
|---|---|---|---|---|
| $ 票價、費用 | http 網址 | 餐廳 | P 停車場 | 巴士 |
| 地址 | @ 電子郵件 | 購物、商店 | 醫院 | 機場 |
| 電話 | FAX 傳真 | 景點 | 信用卡 | 碼頭 |
| 營業時間 | 休 休息時間 | 活動體驗 | 推薦 | 計程車 |
| MAP 地圖位置 | i 遊客中心 | 表演劇場 | 教堂 | 步行 |
| 前往方式 | !? 注意事項 | 旅館住宿 | 飯店等級 | 電車、地鐵 |

# 行程規劃

**私人導遊為您量身打造安排行程，照著走，精采景點不錯過！**

哥本哈根是個清新閒適的北國都會，傳統與現代相容並濟，許多動人之處值得遊客們細細品味。哥本哈根的主要景點頗為集中，建議大家不妨準備一雙好走的鞋，以步行的方式遊覽，此外也可以使用免費的城市自行車當代步工具，經濟又健康。以下行程是依旺季平日的狀況設計的，淡季及週末到訪的遊客，請特別留意開放時間。

## 精華1日遊
**所需時間：1天**

**規劃理念** 在時間緊湊的情況下，搭乘運河之旅一舉數得，航程行經不少精華景點，也認識相關地理位置。丹麥的王室和設計是兩大特色，行程中都有包括。購物方面，號稱歐洲最長的Strøget徒步街不能錯過。

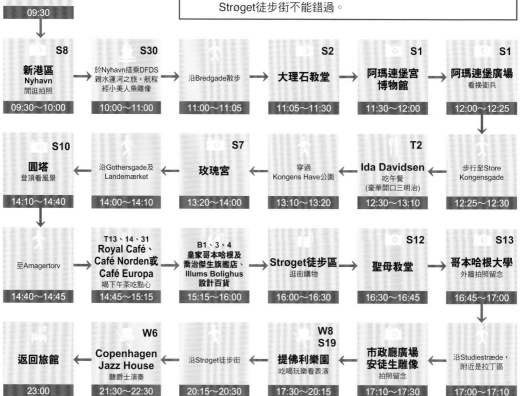

**國王新廣場**
Kongens Nytorv
地鐵及多線公車可達
`09:30`

↓ S8

**新港區**
Nyhavn
閒逛拍照
`09:30～10:00`

→ S30
於Nyhavn搭乘DFDS親水運河之旅，航程經小美人魚雕像
`10:00～11:00`

→ 沿Bredgade散步
`11:00～11:05`

→ S2
**大理石教堂**
`11:05～11:30`

→ S1
**阿瑪連堡宮博物館**
`11:30～12:00`

→ S1
**阿瑪連堡廣場**
看換衛兵
`12:00～12:25`

↓

步行至Store Kongensgade
`12:25～12:30`

← T2
**Ida Davidsen**
吃午餐
(豪華開口三明治)
`12:30～13:10`

← 穿過Kongens Have公園
`13:10～13:20`

← S7
**玫瑰宮**
`13:20～14:00`

← 沿Gothersgade及Landemærket
`14:00～14:10`

← S10
**圓塔**
登頂看風景
`14:10～14:40`

↓

至Amagertorv
`14:40～14:45`

→ T13、14、31
**Royal Café、Café Norden或Café Europa**
喝下午茶吃點心
`14:45～15:15`

→ B1、3、4
**皇家哥本哈根及喬治傑生旗艦店、Illums Bolighus設計百貨**
`15:15～16:00`

→ **Strøget徒步區**
逛街購物
`16:00～16:30`

→ S12
**聖母教堂**
`16:30～16:45`

→ S13
**哥本哈根大學**
外牆拍照留念
`16:45～17:00`

↓

沿Studiestræde，附近是拉丁區
`17:00～17:10`

← **市政廳廣場安徒生雕像**
拍照留念
`17:10～17:30`

← W8 S19
**提佛利樂園**
吃喝玩樂看表演
`17:30～20:15`

← 沿Strøget徒步街
`20:15～20:30`

← W6
**Copenhagen Jazz House**
聽爵士演奏
`21:30～22:30`

← **返回旅館**
`23:00`

**圓塔**
登上這座已有數百年歷史的高塔，可居高臨下，收攬哥本哈根城區風景。

**阿瑪連堡宮**
丹麥王室傳統歷史悠久，阿瑪連堡宮正是現今皇室的居所，總令人好奇地想一窺究竟。

**咖啡館**
找一家雅致的咖啡館，享用香醇的咖啡與風味獨特的丹麥點心，度過午后悠閒時光。

**提佛利樂園**
園內各式各樣的遊樂設施、音樂表演，讓這裡總充滿歡樂愉悅的氣息，是哥本哈根最知名的遊樂園。

**新港區**
長約300公尺的運河，兩旁盡是色彩繽紛的房舍，引發童話般的想像。

# 精華2日遊
**所需時間：2天**

**規劃理念** 兩天的時間較為充裕，不妨去水岸新地標─歌劇院看場表演，也可以親訪小美人魚雕像。新嘉士伯美術館和城堡島值得參觀。

## DAY 1

**國王新廣場**
Kongens Nytorv
地鐵及多線公車可達
09:30

→

**搭乘DFDS親水運河之旅**
09:30～10:30

→

沿Bredgade步行，參觀古董家具店
10:30～11:00

→

S2
**大理石教堂**
11:00～11:30

→

S1
**阿瑪連堡宮博物館**
11:30～12:00

↓

S1
**阿瑪連堡廣場**
看換衛兵
12:00～12:25

←

步行至Store Kongensgade
12:25～12:30

←

T2
**Ida Davidsen**
吃午餐
(豪華開口三明治)
12:30～13:10

←

穿過Kongens Have公園
13:10～13:20

←

S7
**玫瑰宮**
13:20～14:00

←

沿Gothersgade及Landemærket
14:00～14:10

↓

S10
**圓塔**
登頂看風景
14:10～14:40

→

至Amagertorv
14:40～14:45

→

T13、14、31
**Royal Café、Café Norden或Café Europa**
喝下午茶吃點心
14:45～15:15

→

B1、3、4
**皇家哥本哈根及喬治傑生旗艦店、Illums Bolighus設計百貨**
15:15～16:00

→

沿Strøget徒步街，轉Nørregade
16:00～16:05

→

S12
**聖母教堂**
16:05～16:20

↓

S13
**哥本哈根大學**
外牆拍照留念
16:20～16:30

←

S13
**Strøget徒步區**
逛街購物，最後步行至Kongens Nytorv
16:30～17:45

←

S8
Nyhavn新港區閒逛拍照，再找家餐廳用晚餐，露天喝啤酒
17:45～19:15

←

走到碼頭邊，搭902號海港巴士到歌劇院
19:15～19:30

←

W8
S23
**歌劇院**
欣賞內外建築，20:00表演開始
19:30～22:30

←

**返回旅館**
23:00

## DAY 2

S17
**市政廳廣場**
Rådhuspladsen
多線公車可達
09:30

→

**市政廳及歐森天文鐘**
09:30～09:50

→

沿H.C. Andersens Boulevard，跟安徒生雕像拍照
09:50～10:00

→

S18
**丹麥設計中心**
10:00～10:30

→

S20
**新嘉士伯美術館**
10:30～12:00

↓

沿Ny Vestergade步行
12:00～12:05

←

T11
**Kanal Cafeen**
(或Gammel Strand區)
吃午餐
12:05～12:45

←

步行至城堡島、大理石橋拍照
12:45～13:00

←

S14
**皇家接待廳**
英語導覽
13:00～14:00

←

S14
**漫遊城堡島圖華森博物館皇家圖書館等**
14:00～15:00

←

S15
**黑鑽石**
15:00～15:40

↓

黑鑽石外搭902號海港巴士到Nordre Toldbod站
15:20～15:40

→

S4
**葛菲恩噴泉**
15:40～16:00

→

步行穿過Kastellet或沿Langelinie
16:00～16:10

→

S30
**小美人魚雕像**
16:10～16:30

→

搭26號公車到Rådhuspladsen站
16:30～17:00

→

S19
W8
**提佛利樂園**
吃喝玩樂看表演
17:00～20:15

↓

W8

沿Strøget徒步街
20:15～20:30

←

W6
**Copenhagen Jazz House**
聽爵士演奏
20:30～22:30

←

**返回旅館**
23:00

**玫瑰宮**

想認識丹麥王室，就不能錯過玫瑰宮，從起居空間到皇冠權杖，古老王室數百年來的樣貌，在此歷歷呈現。

**小美人魚雕像**

海邊的這座雕像，源自安徒生童話，堪稱哥本哈根的形象地標，幾乎所有的觀光客都得到這兒來一遭，留影紀念。

**大理石教堂**

大理石的渾厚質感，為這座巴洛克式圓頂建築，增添了莊嚴典雅的氣息。

**歌劇院**

哥本哈根的水岸新地標，與皇室的阿瑪連堡宮相望，不妨到這棟造型特殊的建築來場藝術饗宴！

**設計名品**

到哥本哈根，怎能不買些知名的設計精品，抱憾空手而回呢？不論是喬治傑生的銀器、皇家哥本哈根的瓷器，或者是名家設計的家居用品，都值得帶回家。

**新嘉士伯美術館**

這座世界級的藝術殿堂，收藏了古今的珍貴雕刻與畫作，而宏偉的建築、優美的庭園，也都值得一訪。

# 全書地圖目錄

**MAP 01 哥本哈根周邊區域**

**C** Indiakaj

Kristianiaga

Bergensgade

Trondhjemsgade

Østbanegade

**10**

**O2**

**11**

**12**

BERNADOTTES ALLE

Smedelinen

Langelinie Alle

Langelinie

● **S30** 小美人魚雕像
Den Lille Havfrue

Langelinie

**Østerport
Station** **S**

**Re**

**D**

Oslo Plads

**KASTELLET**

ØSTER VOLDGADE

Krokodillegade

Delfingade

Elsdyrsgade

Suensonsgade

Haregade

Gernersgade

Poul
Anker
Gade

Jens
Kofods
Gade

Ham-
merens
gade

STORE KONGENSGADE

STORE GRØNNINGEN

Esplanaden

● **S4** 葛菲恩噴泉
Gefion-Springvandet

**E**

Fischers Gade

**B9**

內城區北側
**City**

**T3** ●

工藝設計博物館
Kunstindustrimuseet

● **S3**

**O2**

Amaliegade

Fredericiagade

大理石教堂
Marmorkirken **S2** ●

**B8**

Borgergade

**T2**

**O2**

Frederikgade

Larsens Plads

Tværgade

**T30**

● **S1**

阿瑪連堡宮
Amalienborg Slot

Amaliegade

Toldbodgade

**F**

地圖圖例

　東橋區
　北橋區
　Brønshøj區
　菲德列克斯伯格
　內城區
　西橋區
　Valby區
　克利斯提安港區
　Amagerbro區
　湖泊、河流、海洋
　主要建築
　公園、森林
　公路
　鐵路
　徒步區
　街道、廣場

Land-
greven

**B7**

**B6**

BREDGADE

STORE KONGENSGADE

**B5**

Palægade

**B10**

Amaliegade

**B12**

Skt. Annæ Plads

● **H6**

Strandstræde

國王新
廣場

**T6**

新港區
**S8** ● Nyhavn

**T5** ●

**10**

克利斯提安港區
**Christianshavn**

Kvæsthusbroe

Dokovej

Ekvipagemestervej

Takkelloftvej

Bodenhoffs Plads

nneskiold Samsoes Alle

Wi...e...rtervej

**11**

**12**

**G**

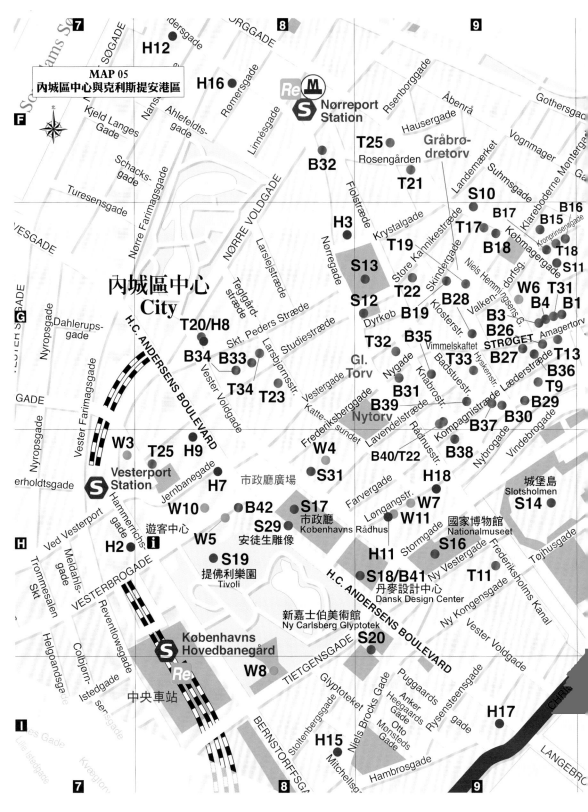

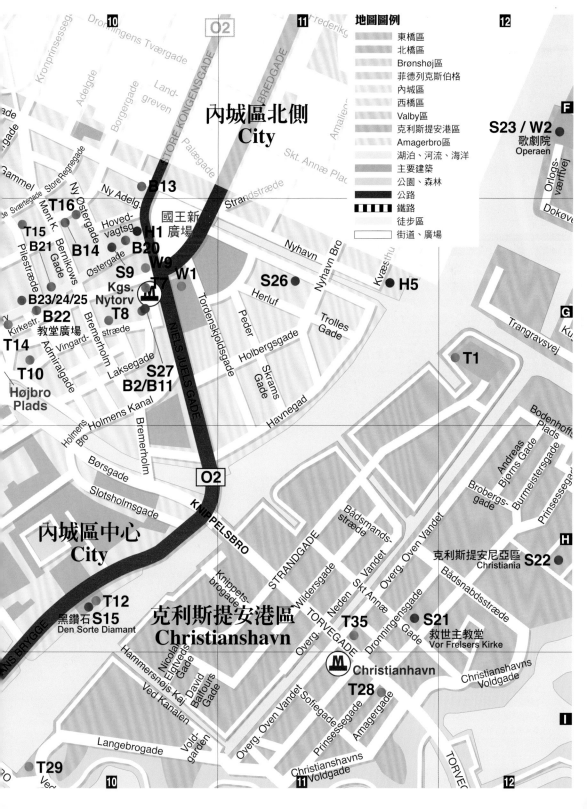

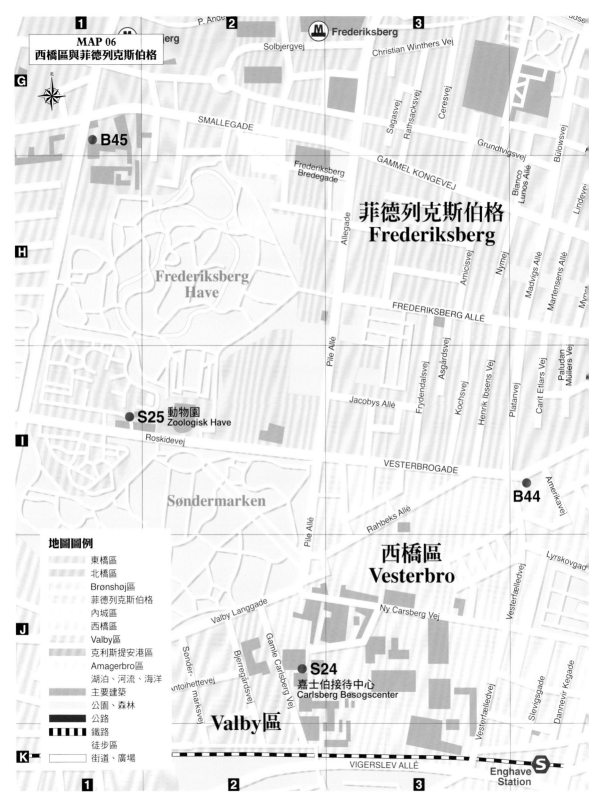

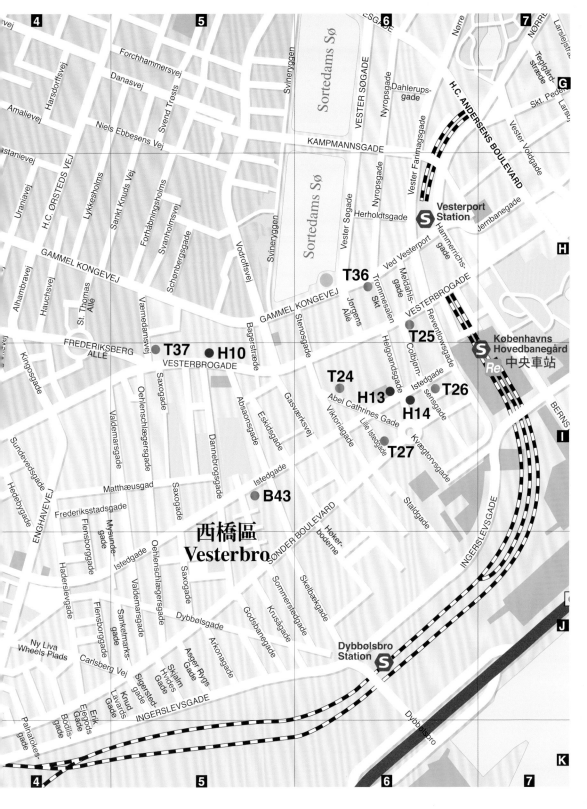

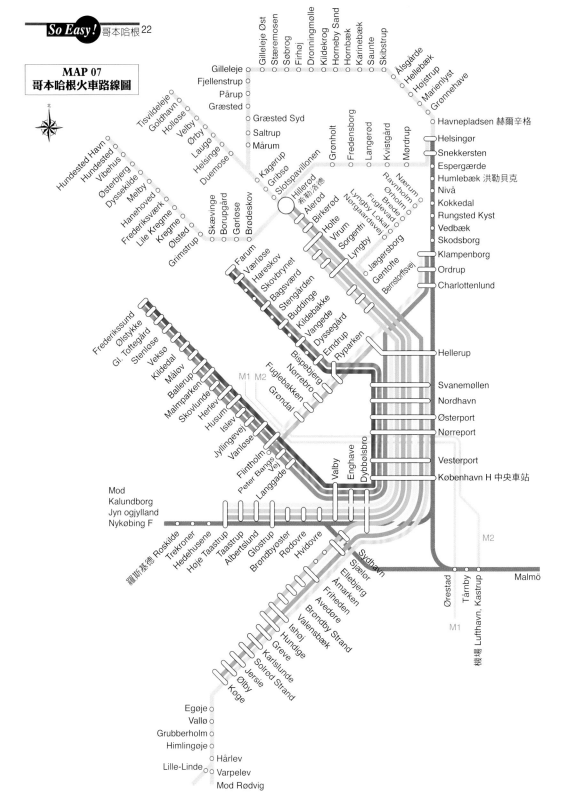

MAP 07
哥本哈根火車路線圖

關於
Overview

Copenhagen

Overview - Copenhagen

丹麥的首都哥本哈根是北歐最大的城市，人口100多萬，與其他國際級的大都會相比有清新閒適的氣質。哥本哈根位在波羅的海海口，濱松德海峽，自古商旅絡繹不絕，其丹麥文名稱København即為「商旅之港」之意，如今諸多世界級會議亦在此舉行。丹麥有世上歷史最悠久的王室，出了一位童話大師安徒生，此外哥本哈根還是個環保與設計之都，歐盟的環境總署在這裡，近年來高雅簡約的丹麥設計也日益受到世人青睞。造訪哥本哈根的遊客在從事各項觀光活動的同時，也別忘了感受這裡動人的生活美學。

圖片提供 / www.woco.dk

**地理概況** 丹麥國土面積約4萬3千平方公里，由與歐陸接壤的日德蘭半島(Jylland)和406個大小島嶼組成，總人口約540萬。丹麥與北歐瑞典、挪威的歷史文化淵源甚深，三者合稱斯堪地納維亞(Scandinavia)國家。首都哥本哈根位在面積最大的西蘭島(Sjælland)東方，2000年松德海峽大橋(Øresundbroen)通車，跨海與瑞典相連。大哥本哈根首都區域約有163萬居民。

**MAP 08 丹麥位置簡圖**

北

Skagerrak

● Skagen

● Ålborg

瑞典
SWEDEN

Kattegat

● Århus

Jylland

丹麥
DENMARK

◉ 哥本哈根
Copenhagen

● Esbjerg

● Odense  Sjælland

Fyn

Bornholm

Møn

Lolland  Falster

波羅的海
Baltic Sea

北海
Nord Sea

德國
GERMANY

波蘭
POLAND

關於哥本哈根

**歷史簡介** 哥本哈根於1167年由阿布薩隆(Absalon)主教建立,當時這裡不過是個捕鯡魚的小港。濱臨松德海峽的貿易樞紐位置,讓哥本哈根日益繁榮起來,1443年克利斯多佛3世(Christopher III)正式定都於此;1588年繼位的克利斯提安4世(Christian IV)堪稱大建城者,今日許多地標建築如圓塔、玫瑰宮等都出自他手。拿破崙戰爭(1796～1815)期間哥本哈根曾遭英軍封鎖及轟炸,國力大損,但18世紀前葉卻也是文化的黃金時期。1849年丹麥立憲廢除專制;二次世界大戰期間丹麥曾被德軍佔領,戰後積極建設,福利國家成型。丹麥於1973年加入歐洲共同體,但至今尚未採用歐元。

**適用語言** 丹麥文屬日爾曼語系,與鄰國的瑞典文和挪威文類似,三者幾乎可以相通。丹麥人的英語程度非常高,旅行時以英語溝通沒有問題。

**宗教信仰** 基督教於西元10世紀成為丹麥的國教,15世紀宗教改革後轉為福音路德教派,如今有約86%的丹麥人是教會的成員,儘管平時上教堂作禮拜的風氣並不普遍。

**王室傳統** 丹麥王室為世上歷史最悠久,從10世紀至今不曾中斷,不過1849年立憲後,王室便無實權。當今的女王瑪格麗特2世(Margrethe II)於1972年繼位,與原籍法國的夫婿亨利親王育有二子,王儲菲德列克於2004年與澳洲的瑪麗成婚。女王的聰慧和親民作風,讓王室十分受民眾的歡迎。除了王室外,丹麥的國旗Dannebrog也是世界上最古老的,紅底白十字,時常可見人們懸掛。

圖片提供 / www.woco.dk

圖片提供 / Fritz Hansen

**文化藝術**　18世紀前葉是丹麥人文與藝術的黃金時期，童話大師安徒生(H.C. Andersen)、哲學家基克高德(Søren Kierkegaard)、雕刻家圖華森(Bertel Thorvaldsen)和畫家艾克斯伯(C.W. Eckersberg)都在當時展露風華。丹麥電影工業於20世紀初開始蓬勃發展，最爲人知的應屬導演拉斯‧馮提爾(Lars von Trier)，作品有《醫院風雲》《在黑暗中漫舞》和他的《逗馬宣言》。

**家居設計**　1930年代起，丹麥的建築師掀起了一波家具設計風潮，強調「形式跟隨功能，實用即是美感」，Arne Jacobsen是家喻戶曉的大師，他的設計至今仍不退流行。家飾器皿亦是丹麥這個設計王國的強項，其中皇家哥本哈根瓷器深具傳統，有雍容華貴的丹麥之花(Flora Danica)系列。

**社會狀況**　丹麥是高福利國家，人民從搖籃到墳墓都受政府照顧，不過賦稅重是其中自然的代價。丹麥社會對同性戀及性事等議題態度開放。女性地位高，有3/4的婦女就有給職。近年來一些國際評比丹麥爲世上最快樂的國家，「hygge」這個字是丹麥生活藝術的精髓，沒有英文的同義詞，大意差不多是與家人好友相聚的歡樂開適。

**經濟實力**　丹麥的GDP平均每人約3萬5千美元，經濟十分仰賴貿易。海運鉅子Moller-Maersk集團的總部設在哥本哈根，在全球百餘個國家有據點。此外風力發電是丹麥另一個居國際領導地位的產業。

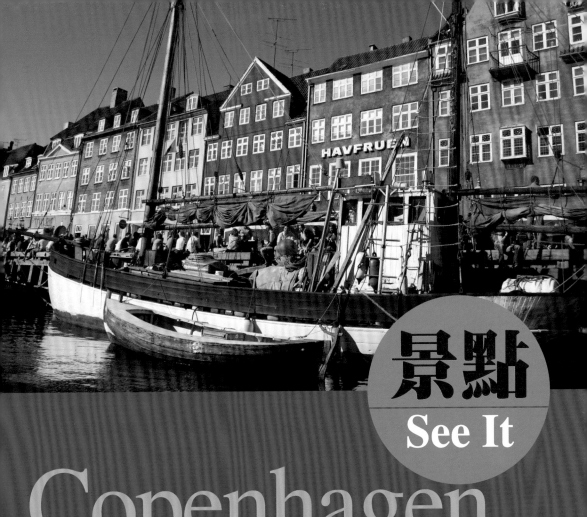

景點
See It

Copenhagen

S e e   I t   -   C o p e n h a g e n

哥 本哈根巧妙地將童稚的繽紛與成熟的雅致集於一身，傳統與摩登相容並濟，景點的選擇多樣精彩。喜歡古典藝術及當代設計的人，這裡有數家博物館值得參觀，童心未泯的話，市中心的提佛利樂園及童話大師安徒生的相關景點也十分吸引人。

**王室景點** 丹麥有當今世上歷史最悠久的王室，王位從10世紀至今未曾斷過。到了哥本哈根，當然不能錯過一些王室景點。其中的玫瑰宮闡述了丹麥王室300年的歷史，也收藏有象徵權力的皇冠和珠寶。

**遊覽方式** 哥本哈根的主要旅遊點大部分都在市中心的範圍內，十分密集，氣候適合時間充裕的話不妨步行遊覽，否則也可搭配公車地鐵等大眾運輸，市政廳廣場(Rådhuspladsen)和國王新廣場(Kongens Nytorv)是兩大樞紐。

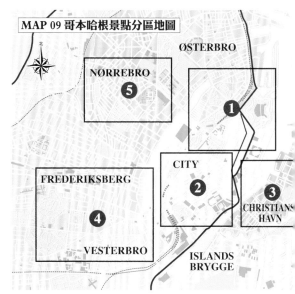

MAP 09 哥本哈根景點分區地圖

ØSTERBRO
NØRREBRO
5
CITY
FREDERIKSBERG
2
CHRISTIANS HAVN
4
VESTERBRO
ISLANDS BRYGGE

### ① 內城區北側
內城區Gothersgade以北的區域屬之。菲德列克5世大手筆興建了阿瑪連堡宮和大理石教堂，周邊的區域也叫菲德列克城。國王花園和植物園一帶綠意盎然，小美人魚雕像在Kastellet附近的港邊。

### ② 內城區中心
國王新廣場和市政廳廣場之間有歐洲最長的徒步區斯楚格(Strøget)，是購物的核心地帶。新港區的迷人風情和拉丁區的文教氣息都值得體驗。城堡島上的克利斯提安堡宮是丹麥歷史與政治的中心。紅磚牆市政廳前的廣場人潮熙攘，對街的提佛利樂園老少咸宜，新嘉士伯美術館提供頂級的藝術饗宴。

### ③ 克利斯提安港區
此區由克利斯提安4世興建，當年是軍事要塞，如今荷蘭式的運河情調非常迷人。克利斯提安尼亞是個另類的自由城。

### ④ 西橋區與菲德列克斯伯格
位於中央車站後方的西橋區以前是工人住宅，如今是個新潮的族群熔爐，有不少異國餐廳及流行商店。喜歡喝啤酒的人，不妨到嘉士伯訪客中心一遊。

### ⑤ 東橋區與北橋區
兩區同於19世紀中開建，現今前者是富人住宅區，後者則為外來移民的聚居地(這裡的景點並不特殊，本書就不多介紹了。)

景點

---

**S1** 　　　　　　　　　　　　　MAP 04 / F10 (內城區)

# 阿瑪連堡宮 Amalienborg Slot

**當今王室居所**：菲德列克5世下令興建，1760年完工。4棟建築環繞，中央形成八角型的大廣場。每天中午12點有換衛兵儀式，若有國旗升起，代表女王在家。Christian VII殿有女王接待廳的導覽；Christian VIII殿有阿瑪連堡博物館，展示王室生活起居；從宮殿面向海港的花園則可眺望對岸的歌劇院。

**DATA** ✉ Amalienborg Slot　📞 Chrstian VII殿 33 92 64 51；阿瑪連堡博物館 33 12 21 86　➡ 1A、15、19、26號公車至Odd Fellow Palæet站　🕐 阿瑪連堡博物館5～10月10:00～16:00，11～4月週二～日11:00～16:00；Christian VII殿英語導覽7～9月週六、日13:00及14:30　💲 Christian VII殿導覽DKK75；阿瑪連堡博物館全票DKK50／優待票DKK30／兒童免費　http www.ses.dk/amalienborg　🍴 T2、T30　🚇 B6、B7、B8

---

**S2** 　　　　　　　　　　　　　MAP 04 / F10 (內城區)

# 大理石教堂
## Marmorkirken

**巴洛克式圓頂建築**：別名「菲德列克教堂」，1749年工程開始時計劃用挪威的大理石興建，但因費用過於昂貴而停工，最後改用丹麥本地的石材，完工於1845年。教堂的圓頂意與羅馬的聖彼得大教堂媲美，於導覽時可攀爬260階至塔頂眺望美景。

**DATA** ✉ Frederiksgade 4　📞 33 15 01 44　➡ 搭1A、15、19、26號公車至Odd Fellow Palæet站　🕐 週一～四10:00～17:00；週五～日12:00～17:00；圓塔導覽6/15～8/31每天13:00及15:00，9/1～6/14週六、日13:00及15:00　💲 參觀免費；導覽全票DKK25／兒童DKK10　http www.marmorkirken.dk　🍴 T2、T30　🚇 B6、B7、B8

---

**S3** 　　　　　　　　　　　　　MAP 04 / E10 (內城區)

# 工藝設計博物館
## Kunstindustrimuseet

**設計愛好者必訪**：這裡展示了丹麥和國際的工業設計、裝飾暨應用藝術。博物館成立於1895年，1926年遷到今日的洛可可式建築，一路走來見證了丹麥的設計風華。內有圖書館、咖啡廳及設計品商店。

**DATA** ✉ Bredgade 68　📞 33 18 56 56　➡ 搭1A、15、19號公車至Fredericiagade站　🕐 週二～日11:00～17:00　休 週一　💲 全票DKK50／18歲以下免費；週三免費　http www.kunstindustrimuseet.dk　🍴 T3　🚇 B8

## S4    MAP 04 / E11 (內城區)

# 葛菲恩噴泉
## Gefion-Springvandet

**西蘭島如何形成：** 1908年Anders Bungaard 的作品。主角是北歐神話中的葛菲恩女神，一日瑞典國王允諾，將她一夕間能耕出的土地贈與她，女神於是把4個兒子變成牛，雞鳴時耕了一大塊地，她把土地拋向海中，成了今日的西蘭島，剩下來的洞便是瑞典的Vänern湖。

**DATA** ➡️ 搭1A、15、19號公車至Esplanaden站，步行約300公尺 🕐 24小時 💲 免費 🚻 T3

---

## S5    MAP 04 / E8 (東橋區)

# 國家美術館 Statens Museum for Kunst

**精緻的藝術殿堂：** 館藏豐富，有丹麥1750年代至今，以及1300～1800年代歐洲義大利、法國、荷蘭等國的藝術，展品分區按年代陳列。丹麥黃金時期及林布蘭特、畢卡索等大師的畫作，這裡都能欣賞到，喜愛藝術的人不能錯過。

**DATA** ✉️ Sølvgade 48-50 📞 33 74 84 94 ➡️ 搭6A、14、26、42、43、173E、184、185、150S號公車 🕐 週二～日10:00～17:00；週三10:00～20:00 休 週一 💲 免費，某些特展需付費參觀 http www.smk.dk

---

## S6    MAP 04 / E8 (內城區)

# 植物園 Botanisk Have

**綠色博物館：** 這裡有近兩萬種各式植物，是個活的博物館。天氣好的時候來此悠遊於樹林假山之間，十分愜意。建於1874年的棕櫚溫室值得一逛，內有熱帶及亞熱帶的植物，香氣宜人。此外還有仙人掌區及蘭花區。

**DATA** ✉️ Gothersgade 128(主要入口) 📞 35 32 22 40 ➡️ 搭14、40、42、43號公車到Kommunehospitalet站 🕐 5～9月08:30～18:00；10～4月週二～日08:30～16:00；棕櫚溫室10:00～15:00；仙人掌區週三及週末13:00～14:00；蘭花區週三及週末14:00～15:00 休 週一 💲 免費 http www.botanic-garden.ku.dk 🚻 T4

景點

---

**S7** MAP 04 / F8 (內城區)

# 玫瑰宮 Rosenborg Slot

**王室生活與權力象徵：**這座位於國王花園(Kongens Have)內的宮殿是克利斯提安4世於1606年建造的，從當時到1710年作為王室的夏宮使用，建築採荷蘭文藝復興式的風格。

　　除了建築本身的古蹟意義之外，這裡也是博物館，自1838年起便對外開放，展示王室生活。今日的玫瑰宮闡述了丹麥王室300年的歷史，自16世紀末的菲德列克2世到19世紀的菲德列克7世，起居空間如臥房、書房，以及家具、武器、藝術品等收藏。關於其後諸位國王的展品則見於阿瑪連堡博物館(P.29)。

　　頂樓的騎士廳內有數件17世紀的銀製家具，其中包括了國王王后的加冕椅和三頭護衛銀獅。地下室的皇家藏寶庫是另一個參觀重點，內有金光閃閃的皇冠、權杖和各式珠寶。象徵國王絕對權力的皇冠總重2080公克，自克利斯提安5世傳至克利斯提安8世，1849年丹麥立憲、取消王室專制之後便不再使用。

圖片提供 / Rosenborg Slot

**DATA**
✉ Øster Voldgade 4A　📞 33 15 32 86　➡ 搭5A、6A、14、26、42、43號公車；地鐵或S-火車至Nørreport站　🕐 1～4月週二～日11:00～16:00；5～10月每日10:00～16:00；11～12月中週二～日11:00～14:00 (2008年度)　休 週一
💲 全票DKK65(含特展) / 優待票DKK40 / 兒童免費　http www.rosenborgslot.dk
🍴 T4　📷

---

**S8** MAP 04 / G10 (內城區)

# 新港區 Nyhavn

**色彩繽紛的港岸風情：**這段長約300公尺的運河於17世紀由人工挖鑿，以利貨物運送。兩岸彩色的房屋給人童話般的遐想，吸引如織遊人，當年安徒生亦曾經住在這裡。天氣好的時候，櫛比鱗次的餐廳露天座一位難求，不少當地人拎著啤酒到岸邊席地而坐，充滿丹式情調。

**DATA**
➡ 搭乘公車或地鐵至Kongens Nytorv站
🍴 T5、T6　📷 B5、B12

## S9
MAP 05 / G10 (內城區)

# 金氏紀錄博物館
### Guinness World Records Museum

**收藏世界之最：**門口放置了一尊按原尺寸打造的世界第一長人塑像，他身高272公分。博物館裡收藏了世界最大最小最長最短最重最輕等各式紀錄，有一些遊戲機可以親身體驗你與紀錄保持人的差別。

**DATA** ✉ Østergade 16 ☎ 33 32 31 31 ➡ 自Kongens Nytorv步行2分鐘 ⏰ 6/15～8/31每天10:00～22:00；9/1～6/14週日～四10:00～18:00，週五、六10:00～20:00 🚫 1/1、12/24、12/25、12/31 💲 全票DKK83 / 優待票DKK66 / 兒童DKK42 http www.topattractions.dk 🚇 T16 🚌 B14、B20

## S10
MAP 05 / G9 (內城區)

# 圓塔 Rundetaarn

**登高眺望內城風光：**於1642年由國王克利斯提安4世興建，當時堪稱城裡的摩天大樓，同時也是天文台。建築本體的結構十分特殊，沿螺旋狀的坡道登至塔頂，有觀景平台可以眺望四周內城區的風景。塔內亦有音樂廳及展覽空間。

**DATA** ✉ Købmagergade 52A ☎ 33 73 03 73 ➡ 搭公車或地鐵至Nørreport站步行前往 ⏰ 4/1～5/20每天10:00～17:00；5/21～9/20每天10:00～20:00；9/21～12/31每天10:00～20:00 (2008.4.1起) 💲 全票DKK25 / 兒童DKK5 http www.rundetaarn.dk 🚇 T17 🚌 B18

## S11
MAP 05 / G9 (內城區)

# 情色博物館 Museum Erotica

**網羅各式情色藝術：**丹麥素以性開放聞名，這裡大方展示了各式以性愛情事為主題的物件，照片、人偶、影片等無奇不有，看了或許讓人臉紅心跳，但並不猥褻。另有一間瑪麗蓮夢露專室，此外也可以了解一些名人的性癖好。兒童禁入。

**DATA** ✉ Købmagergade 24 ☎ 33 12 03 11 ➡ 搭公車或地鐵至Nørreport或Kongens Nytorv站步行前往 ⏰ 5～9月10:00～23:00；10～4月週日～四11:00～20:00，週五、六10:00～22:00 💲 DKK109 http www.museumerotica.dk 🚇 T18 🚌 B15、B16、B17

景點

## S12　　MAP 05 / G9 (內城區)

# 聖母教堂 Vor Frue Kirke

**外觀簡樸的大教堂：**這座教堂同時也是哥本哈根大教堂(Domkirken)，教堂的前身於1807年被英軍炸毀，新建築於1829年重建完成。外觀走簡單樸素的新古典風格，內部耶穌與十二門徒的雕像是丹麥名雕刻家Bertel Thorvaldsen的傑作。

> DATA
> ✉ Nørregade 8　☎ 33 37 65 40　➡ 自市政廳廣場或Nørreport車站步行約3分鐘　🕐 08:00～17:00　休 彌撒禮拜時不開放遊客參觀　$ 免費
> http www.domkirken.dk　T22

## S13　　MAP 05 / G9 (內城區)

# 哥本哈根大學
## Københavns Universitet

**歷史悠久的高等學府：**大學創立於1479年，這個校區是行政中心及法律、社科院的所在地，其他系所另有校區。主樓的前身曾兩度遭焚毀，今日的建物於19世紀前葉完工，採新古典風格，門面寬廣宏偉，外牆立有物理學先驅波耳(Niels Bohr)等知名學者的銅像。大學附近是文教氣息濃厚的拉丁區。

> DATA
> ✉ Nørregade 10　☎ 35 32 26 26　➡ 自市政廳廣場或Nørreport車站步行約3分鐘　http www.ku.dk　T22

## 哥本哈根主題旅遊 1

S14　　🅜 05 / H9 (內城區)

# 城堡島
### Slotsholmen

城堡島位在哥本哈根市中心，阿布薩隆主教1167年建城之際即在此蓋了一座城堡。前身兩度遭焚毀，今日的克利斯提安堡宮已是第四代的宮殿，於1928年完工，屬新巴洛克式樣。宮殿的北翼是皇家接待廳，南翼則是丹麥國會。此外城堡島上還有不少重要建築及博物館可以參觀。

圖片提供 / www.woco.dk

克利斯提安堡宮正門前的菲德列克七世雕像

## 觀賞重點

### 克利斯提安堡宮皇家接待廳
**De Kongelige Repræsentationslokaler**

丹麥女王在此接待重要賓客，內部氣派輝煌，僅於導覽時開放。加冕廳和騎士廳是參觀重點，騎士廳內有17幅大型壁毯，是丹麥企業送女王50大壽的賀禮，圖樣由藝術家Bjørn Nørgaard繪製，闡述丹麥從古至今的歷史，於2000年女王60大壽時面世。

圖片提供 / Ireneusz Cyranek

**DATA** ✉ Christiansborg Slot北翼　☎ 33 92 64 92　➡ 搭1A、2A、15、26、29號巴士到Christiansborg站　🕐 英語導覽 5～9月11:00、13:00、15:00；10～4月週二～日15:00　💲 全票DKK60 / 優待票DKK50 / 兒童DKK25　🌐 www.ses.dk/christiansborg　🍴 T11

### 圖華森博物館
**Thorvaldsens Museum**

圖華森(Bertel Thorvaldsen，1770～1844)是丹麥最知名的雕刻藝術家，旅居羅馬40年，在遺囑中把其作品及收藏贈與丹麥人民。博物館於1848年落成時，圖華森的墓亦隨即遷至中庭。一樓主要是雕像，白色大理石襯以色彩強烈的牆，賞心悅目。

博物館內部大廳

**DATA** ✉ Bertel Thorvaldsens Plads 2　☎ 33 32 15 32　➡ 搭1A、2A、15、26、29號巴士到Christiansborg站　🕐 週二～日10:00～17:00　休 週一　💲 全票DKK20 / 兒童免費 / 週三免費　🌐 www.thorvaldsensmuseum.dk　🍴 T11

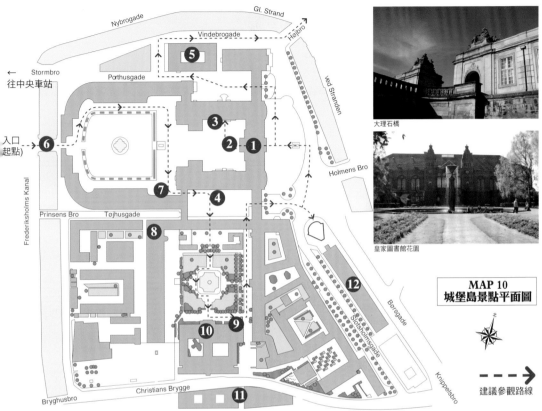

大理石橋

皇家圖書館花園

**MAP 10**
**城堡島景點平面圖**

建議參觀路線

❶ 克利斯提安堡宮 Christiansborg Slot

❷ 舊城堡遺跡 Ruinerne

❸ 皇家接待廳 De Kongelige Repræsentationslokaler

❹ 丹麥國會 Folketinget

❺ 圖華森博物館 Thorvaldsens Museum

❻ 大理石橋 Marmorbroen

❼ 劇院博物館 Teatermuseet

❽ 皇家武器博物館 Tøjhusmuseet

❾ 丹麥猶太博物館 Dansk Jødisk Museum

❿ 皇家圖書館 Det Kongelige Bibliotek

⓫ 黑鑽石 Den Sorte Diamant

⓬ 舊股票交易市場 Børsbygningen

鳥瞰克利斯提安堡宮(圖片提供 / www.woco.dk)

## S15
MAP 05 / H10 (內城區)

# 黑鑽石 Den Sorte Diamant

**皇家圖書館新大樓：**這棟1999年完成的新大樓是皇家圖書館的延伸，與舊館與玻璃走廊相通。水岸的位置，黑色的帷幕，外觀十分醒目，內部的格局也頗具現代感。大樓內設有國家攝影博物館，可購票參觀。

**D
A
T
A**
✉ Søren Kierkegaards Plads 1　☎ 33 47 47 47
➡ 搭66號公車至Søren Kierkegaards Plads站或海港巴士901到Det Kongelige Bibliotek
🕐 展覽週一～五10:00～19:00；週六10:00～17:00
🚫 週日　💲 全票DKK35 / 學生DKK25 / 兒童免費
http www.kb.dk/da/dia　🚇 T12

## S16
MAP 05 / H9 (內城區)

# 國家博物館
## Nationalmuseet

**丹麥歷史及世界人類：**展出丹麥自中古世紀以來的歷史文物，舉凡飾品、織品、器皿、錢幣、武器等，琳瑯滿目，此外也有來自世界各地與人類文明相關的展品。對歷史及人類學等主題有興趣的人，可以在這裡花上不少時間。

**D
A
T
A**
✉ Ny Vestergade 10　☎ 33 13 44 11
➡ 搭1A、2A、6A、12、15、26、29、33號公車前往
🕐 週二～日10:00～17:00　🚫 週一　💲 免費
http www.natmus.dk　🚇 T11　🚌 B41

## S17
MAP 05 / H8 (內城區)

# 市政廳 Københavns Rådhus

**氣派的紅色建築：**這棟紅色外牆的建築於1905年完工，由Martin Nyrop設計。正門上方的金色浮雕是建城者阿布薩隆主教，對內部有興趣者可參加導覽。市政廳的塔高105公尺，是城內最高的觀景點。進門右手邊有歐森(Jens Olsen)的天文鐘，費時27年製造，相當精準。

**D
A
T
A**
✉ 市政廳廣場Rådhuspladsen　☎ 33 66 25 82　➡ 搭2A、5A、6A、10、12、14、26、29、33、48、173E、250S號公車，到Rådhuspladsen　🕐 週一～五08:30～16:00，週六10:00～13:00；英語導覽週一～五15:00、週六10:00；登塔週一～六12:00　🚫 週日　💲 英語導覽DKK30 / 登塔DKK20 / 歐森的天文鐘DKK10　http www.copenhagencity.dk　🚌 B42

**S18**　　　　　　　　　　MAP 05 / H9 (內城區)

# 丹麥設計中心
## Dansk Design Center

**設計的核心精神**：推廣設計在日常生活中的使用並提升大眾對設計的興趣，是丹麥設計中心的成立宗旨，近年來中心也頒發「丹麥設計獎」，以激勵產業的參與。於2000年搬入現址，建物為Henning Larsen所設計。展場不算大，每年辦有8個大展和6個小展，切中主題地展出丹麥及國際設計的精髓。設計中心裡有設計品商店。

**DATA**
- ✉ HC Andersens Boulevard 27　　📞 33 69 33 69
- ➡ 搭1A、2A、15、33、65E號公車，距市政廳廣場約100公尺
- 🕐 週一～五10:00～17:00；週三10:00～21:00；週末例假11:00～16:00　　💲 全票DKK50／優待票DKK25／兒童免費；週三17:00～21:00免費　　http www.ddc.dk　　🚇 T11　　🅿 B41

**S19**　　　　　　　　　　MAP 05 / H8 (內城區)

# 提佛利樂園 Tivoli

**全家人的歡笑娛樂**：1843年由Georg Carstensen創始開園，堪稱哥本哈根的娛樂中心。20多種電動遊樂設施中，有童稚歡樂，也有驚險刺激。此外園中的各式餐廳、音樂表演、及優雅的花園環境，讓這個地方老少咸宜。夏季每週六午夜前有煙火施放，11月中開始的聖誕市集也饒具氣氛。

**DATA**
- ✉ Vesterbrogade 3 (正門)　　📞 33 15 10 01　　➡ 位在中央車站及市政廳廣場之間，多線交通可達　　🕐 夏季4月中～9月中11:00～23:00(週五、六～00:30)；聖誕市集11月中～12月底
- 💲 全票DKK75／兒童DKK40 (入園票，不含設施之使用)
- http www.tivoli.dk　　🅿 B42

## 哥本哈根主題旅遊 2

**S20**
MAP 05 / H9 (內城區)

# 新嘉士伯美術館
## Ny Carlsberg Glyptotek

嘉士伯的Carl Jacobsen(1842～1914)留給哥本哈根及丹麥的不只是啤酒，還有這間於1897年開幕的世界級藝術殿堂。Glyptotek這個字意爲「雕刻收藏」，新嘉士伯美術館上萬件的收藏品中除了大量的雕像之外，亦有不少重量級畫作。

館藏可大致分爲古老及現代兩大類別。古老收藏彷彿一部雕刻演進史，從西元前3000年的埃及到西元5世紀的羅馬帝國時期，也涵蓋希臘及近東等區域。現代收藏則以法國及丹麥19、20世紀的繪畫與雕刻爲主。莫內、高更、塞尙、雷諾瓦等知名大師，以及30餘件雕刻家羅丹的作品，都是參觀重點。

丹麥藝術方面，這裡有黃金時期C.W. Eckersberg等人的畫作，還有Bertel Thorvaldsen及其後期的雕刻。

除了豐富的館藏外，美術館的建築本身也有不少值得欣賞之處。大廳內的冬季庭園種有大型棕櫚樹等植物，自然採光。庭園旁的咖啡廳供應午餐，糕點也很有名。

美術館外觀

冬季庭園

**DATA**
✉ Dantes Plads 7　☎ 33 41 81 41　➡ 搭1A、2A、15、65E號公車到Glyptoteket站　🕐 週二～日10:00～16:00
🚫 週一　💲 全票DKK50 / 18歲以下免費；週日免費
http www.glyptoteket.dk　🚇 B41

希臘和羅馬雕刻(Room 6～18)　　　　美術館建築一隅

## MAP 11 新嘉士伯美術館平面圖 地圖提供 / Ny Carlsberg Glyptotek

**1樓**

**2樓**

**3樓**

往屋頂陽台

■ 古代地中海
■ 法國繪畫

■ 古物收藏
■ 丹麥雕刻
■ 法國雕刻與繪畫

■ 法國雕刻與繪畫
■ 丹麥繪畫
■ 特展區

羅丹及沙龍(Room 33～37，46)

丹麥黃金時期(Room 28～30，48～55)

古埃及藝術(Room 1～4)

S21　 05 / H11 (克利斯提安港區)

# 救世主教堂 Vor Frelsers Kirke

**醒目的金色螺旋塔**：教堂由克利斯提安五世興建，自1696年起豎立至今，是克利斯提安港區的地標，也是丹麥少數的巴洛克式建築之一。塔樓有金色螺旋狀線條，完工於1752年，塔高90公尺，共400階，可供遊客登頂，登高望遠景色宜人。2007年起關閉整修，預計2009年5月重新開放。

> ✉ Sankt Annægade 29　📞 32 57 27 98
> ➡ 搭2A、66號公車或地鐵至Christianshavn站
> 🌐 www.vorfrelserskirke.dk　🍴 T35

S22　 05 / H12 (克利斯提安港區)

# 克利斯提安尼亞區
## Christiania

**另類的自由城**：原是軍事區，房舍具歷史保留價值，學生及藝術人士等陸續進駐，於1971年成立自由城，有一套獨特的自治規則，紅底上三個黃點是克利斯提安尼亞自己的旗幟。這場社會實驗長久以來與政府形成拉鋸，支持與反對者都有。

　　如今區內約有900位居民，樣貌頹廢而有生氣，氣氛嬉皮，不少遊客慕名前來，有興趣的話不妨參加導覽聽取介紹。其中有條大麻街Pusherstreet備受爭議，走到這裡請勿拍照。

主要入口處

區內的郵筒

藝術塗鴉

> ✉ Prinsessegade (主要入口)　📞 32 95 65 07　➡ 搭66號公車至Bådsmandstræde站，往前走200公尺　🕐 導覽6/26～8/31每天15:00；9/1～6/25週六、日15:00　💰 導覽DKK30
> 🌐 www.christiania.org

景點

## S23　　　　　MAP 05 / F12 (克利斯提安港區)

# 歌劇院 Operaen

**水岸藝術地標**：這棟於2005年啟用的歌劇院由建築大師Henning Larsen設計，是丹麥海運巨擘A.P. Møller送的大禮，造價25億克朗。儘管媒體對這棟建築的外型毀譽參半，它仍是丹麥人的驕傲。主要表演廳可容納1500名觀眾，內有餐廳。

**DATA**
✉ Ekvipagemestervej 10　📞 33 69 69 33
➡ 搭66號公車或海港巴士901、902到Operaen
🕐 週六、日09:30、16:30丹麥文導覽
💲 導覽DKK100　http www.operaen.dk

## S24　　　　　MAP 06 / J2 (西橋區)

# 嘉士伯接待中心
## Carlsberg Besøgscenter

**啤酒展示及品嘗**：1847年J.C. Jacobsen(1811～1887)在這裡開辦了啤酒廠，如今嘉士伯已是享譽全球的品牌。接待中心展示了啤酒文化及釀造過程，並收藏有1萬多瓶世界各地的啤酒，曾創金氏紀錄。逛完展示區後可至Jacobsen釀酒廠，門票含兩張品酒飲料券。

**DATA**
✉ Gamle Carlsberg Vej 11　📞 33 27 13 14　➡ 搭18、26號公車至Kammasvej站，步行約3分鐘　🕐 週二～日10:00～16:00
🈲 週一和例假日　💲 全票DKK40／優待票DKK25／兒童免費
http www.visitcarlsberg.com

## S25　　　　　MAP 06 / I1 (菲德列克斯伯格)

# 動物園 Zoologisk Have

**感受丹式童年**：1859年成立，歐洲歷史最久的動物園之一，規模也許不算太大，但物種不少。北歐區可以看到北極熊、海豹、馴鹿、狼等動物，此外大象和企鵝也很受歡迎。大門附近有座42公尺高的塔供人眺望風景。週末可來此感受丹麥童年。

**DATA**
✉ Roskildevej 32　📞 72 20 02 00　➡ 搭6A號公車直達門口　🕐 7～8月09:00～21:30；6月09:00～18:00；4、5、9、10月09:00～17:00；11～3月09:00～16:00　💲 全票DKK120／兒童DKK60
http www.zoo.dk

哥本哈根主題旅遊3

# 童話大師安徒生
## Hans Christian Andersen

安徒生(Hans Christian Andersen，1805～1875)堪稱丹麥獻給世界最重要的文化遺產。他是廣受世人景仰的文學大師，2005年200歲冥誕時，丹麥及世界各地都有不少紀念活動。

安徒生出生於歐登塞(Odense)一個貧窮的鞋匠家庭，少年時期獨自離家到哥本哈根尋找機會，之後便在那裡落地生根。他喜歡旅行，常到歐洲及丹麥各地遊歷訪友。他終生未婚，也沒有子嗣。

安徒生著有160餘篇的童話故事，被翻譯成140多種語言，《小美人魚》、《醜小鴨變天鵝》、《國王的新衣》等都是他膾炙人口的經典之作。除了童話及短篇小說之外，他也是個詩人，出版過詩集。安徒生的作品有洞察人性的深度，不是都以喜劇收場，《小美人魚》中的人魚公主為了追求愛情不惜冒著變成泡沫的危險，《賣火柴的小女孩》最後凍死街頭。不論結局如何，安徒生童話雋永的

圖片提供 / Hans Christian Andersen Museum

魅力無法擋，每讀一次總會給人一些新感受。

安徒生於1819年9月6日離家來到哥本哈根，當時他才14歲，城內有他的生活足跡及安葬之地。

---

## 觀賞重點

---

**S26**　　　MAP 05 / G11 (內城區)

# 新港住所

安徒生曾住在今日的Nyhavn 20及67，建築的外牆立有紀念牌，前者的紀念牌上寫著：「H.C. Andersen曾經住在這裡，當他的第一本童話集於1835年5月時出版」。

**S27**　　　MAP 05 / G10 (內城區)

# 閣樓房間

位於Vingårdstræde 6的閣樓房間，是哥本哈根唯一供人參觀的安徒生居所，他於22歲時曾在此住過一年，如今以原貌呈現。由Magasin du Nord百貨公司的三樓進入。

景點

## S28　　02 / D4 (北橋區)

# Assistens墓園

位在北橋區(Nørrebro)，安徒生安葬於此。搭乘公車5A或350S可達。

## S29　　05 / H8 (內城區)

# 安徒生雕像

市政廳(見P.36)旁有一座，Henry Lukow-Nielsen的作品，1961年開光。國王花園裡也有一座，August Saabye的作品，由安徒生本人當模特兒，1880年開光展出。

## S30　　04 / D11 (內城區)

# 小美人魚雕像
## Den Lille Havfrue

嘉士伯啤酒的老闆Carl Jacobsen看了《小美人魚》的芭蕾舞劇之後深受感動，於是請雕刻家Edvard Eriksen(1876～1958)為主角塑像。企業家把成品送給了哥本哈根，於1913年8月23日開光，成為城市的形象地標。這尊小美人魚堪稱世界上被拍最多照的女性之一，但175公斤重的青銅雕像本身並不起眼，嬌小的身軀孤單地坐在海邊的大石頭上。雕像曾數度遭人嚴重破壞，其中包含兩次的項上之災。

**DATA**
- ✉ Langelinie水岸邊
- 🚌 搭26號公車至Indiakaj站，或S-火車至Østerport站

## S31　　05 / H8 (內城區)

# 安徒生的美妙世界
## H.C. Andersen's Wonderful World

這家私人博物館展出了安徒生的生平，並用造型特殊的舞台搭配燈光效果演繹安徒生知名的童話故事，有丹、英、德3個語言選項。

**DATA**
- ✉ Rådhuspladsen 57 (市政廳廣場)　📞 33 32 31 31
- 🕐 6/15～8/31每天10:00～22:00；9/1～6/14週日～四10:00～18:00，週五、六10:00～20:00
- 💲 全票DKK66 / 優待票DKK54 / 半票DKK33　📖 B42

---

### 「沿安徒生的足跡」導覽
### Walking in the footsteps of Hans Christian Andersen

2個小時的徒步英語導覽，專業的導遊帶你沿著安徒生的足跡，暢遊哥本哈根市中心。

**DATA**
- @ info@copenhagen-walkingtours.dk
  須事先以e-mail預約
- http www.copenhagen-walkingtours.dk

# 安徒生的故鄉——歐登塞
## Odense

歐登塞(Odense)是丹麥的第3大城,位於芬恩島,距哥本哈根約一個半小時的火車程。這裡是安徒生的故鄉,有不少相關的旅遊資源,有興趣者可排一日遊。

**MAP 12 歐登塞地圖**

------- 建議參觀路線　　　　徒步區

**如何前往**

自中央火車站搭火車,約1小時30分鐘可抵達,火車班次頗為頻繁。

http www.dsb.dk (丹麥國鐵交通資訊)
http www.visitodense.com (歐登塞旅遊局)
http www.museum.odense.dk (歐登塞城市博物館)

---

S32

# 安徒生博物館
## H.C. Andersens Hus

這裡是安徒生的出生地,1908年便成立博物館。博物館精彩呈現作家的作品及人生中的各個重要階段,館藏之豐,足以讓安徒生迷大呼過癮。

**DATA**
✉ Bangs Boder 29　📞 65 51 46 01
🕐 6/16～8/15每天09:00～18:00;8/15～6/15週二～日
10:00～16:00　💲 全票DKK60 / 18歲以下免費
http www.museum.odense.dk

---

S33

# 安徒生童年居所
## H.C. Andersens Barndomshjem

安徒生從2～14歲與家人居住於這間小屋中,這裡有他的兒時回憶。

**DATA**
✉ Munkemøllestræde 3-5　📞 65 51 46 01
🕐 6/16～8/15每天10:00～16:00;8/15～6/15週二～日
11:00～15:00　💲 全票DKK25 / 18歲以下免費
http www.museum.odense.dk

OPTIMAL LIVING

Bella Anna

Bella Anna

Bella Anna

購物
**Buy It**

# Copenhagen

**B u y   I t   –   C o p e n h a g e n**

**丹**麥的特產是什麼？簡而言之，就是「設計」二字。不管你是注重生活品味，還是追求流行時尚，哥本哈根都可算是個購物天堂。歐洲最長的斯楚格徒步購物街Strøget及其周邊是逛街的黃金地帶，走累了找家咖啡館歇一歇，吃個丹麥點心再繼續。

「皇家購物」是不能錯過的主題，招牌上有皇冠標誌及Kongelig Hofleverandør等字樣的就是被選為王室供應商的店家，享譽世界的皇家哥本哈根瓷器及喬治傑生銀器都在此列，其中也囊括了一些歷史悠久的茶葉、糖果小店。

## 購物注意事項

**營業時間** 週一～五一般是10:00～17:30或18:00，某些店家週五會加長營業，週六則是10:00～14:00或到16:00之間不等。百貨公司的營業時間較長。週日店家大多關門休息，聖誕節前12月的週日及某些週日除外。

**折扣期間** 商店主要的折扣季是在1月和7月。

**增值稅** 丹麥的增值稅(VAT)稅率目前是25%，所有商品和服務的價格都包含增值稅。旅館、餐廳、表演等服務不能退稅。百貨公司及許多店家皆售有免稅商品，供來自歐盟及斯堪地納維亞以外的遊客消費。

**付款方式** 最簡單直接的方式當然是以丹麥克朗(DKK)現金支付，市中心也有不少店家也接受歐元。此外，信用卡的使用也十分普及，以Visa和Master最方便，規模較大的店家也收美國運通卡及大來卡。刷卡有時必須出示含照片的證件。

**退稅方法** ● **認明店家**
認明有Tax Free標誌的店家，在同一店家同一天消費滿DKK300才能開始退稅。退稅額度由13%起跳，買越多退越多。

● **填寫退稅單**
購物完畢記得跟店家領取退稅單，完整填寫，並與消費收據一起保存。

● **出境時於機場辦理退稅**
通過機場海關之後，提出退稅單、消費收據及護照到退稅窗口辦理退稅。稅款可選擇當場領取現金或匯入指定的信用卡或銀行帳戶。

● **主要退稅機構網站**
**Global Refund**：www.globalrefund.com
**Euro Refund**：www.dk.eurorefund.com

購物

# 伴手禮推薦清單

● **Akvavit**
丹麥特色烈酒，由馬鈴薯和多種香料釀成。

● **琥珀飾品**
有人稱琥珀為「北方黃金」，古代人曾用之交易。

● **聖誕裝飾**
丹麥人重視聖誕傳統，有些飾品年年出新款，供人收藏。

● **丹麥剪紙藝術**
童話大師安徒生也曾是剪紙高手唷！

● **生活居家用品**
丹麥堪稱設計王國，各式家具家飾不能錯過。

● **維京紀念品**
帶些可愛的海盜們回家吧！

● **皇家哥本哈根瓷器**
為你的日常生活增添皇家風華。

● **流行服飾**
展現北歐高雅大方的色彩與曲線。

# 丹麥設計名家

## ● Arne Jacobsen (1902～1971)

丹麥設計界最響亮的名號，蛋(1958)、天鵝(1958)和螞蟻(1952)等椅子是其設計經典，建築師出身的他，在哥本哈根有丹麥中央銀行及SAS皇家飯店等作品。**http** www.arne-jacobsen.com

圖片提供／www.arne-jacobsen.com

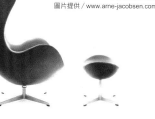

## ● Kaare Klint (1888～1954)

哥本哈根皇家美術學院的創辦人之一兼教授，對丹麥設計的影響深遠，Faaborg椅(1914)、紅椅(1927)等都是著名作品。

## ● Børge Mogensen (1914～1972)

師承Kaare Klint，他的設計作品多以「實用」為基調，例如Spokeback沙發(1945)與西班牙椅(1959)。**http** www.finnjuhl.com

## ● Verner Panton (1926～1998)

建築背景出身，家具及織品等設計有大膽炫目的風格，代表作有圓錐椅(1958)、心型椅(1959)等。

## ● Finn Juhl (1912～1989)

建築背景出身，以家具及室內設計知名，積極推廣「丹麥設計」，如Poeten沙發(1941)、Chieftains椅(1949)等。**http** www.finnjuhl.com

## ● Poul Henningsen (1894～1967)

丹麥燈飾巨匠，以縮寫P.H.著稱，有百餘件經典作品，PH5吊燈、朝鮮薊燈(1958)等。**http** www.poul-henningsen.com

## ● Hans J. Wegner (1914～2007)

精良的材質加上精湛的手藝，設計的椅子達500多款，作品有中式椅(1943)、圓椅(1949)、Y型椅(1950)等。

以上設計作品圖片提供／www.danish-furniture.com

# 丹麥名店

---

**B1**      `MAP` 05 / G9 (內城區)

# Georg Jensen

**喬治傑生銀器：**1904年成立，丹麥享譽國際的銀具品牌，線條簡潔精緻，產品除了珠寶、手錶、銀雕器皿之外，也涵蓋刀叉餐具及居家辦公裝飾藝品。聖誕吊飾每年出新品，很適合買回家自用或送禮。

**DATA**   ✉ Amagertorv 4   ☎ 33 11 40 80   ⏰ 週一～四10:00～18:00；週五10:00～19:00；週六10:00～17:00   休 週日
🌐 www.georgjensen.com   📷 S11   🚍 T13、T14、T31

---

**B2**      `MAP` 05 / G10 (內城區)

# Rosendahl

**餐具家飾：**這個品牌在丹麥很受歡迎，Grand Cru系列的水瓶幾乎每家都有一只，各式經典的設計，讓日常生活變得便利且美好。此外還有木猴及玩具兵等饒富童趣的商品，皆出自名家之手，2005年安徒生200冥誕時亦出紀念系列。

Rosendahl 圖片提供 / www.rosendahl.com

**DATA**   ✉ Kongens Nytorv 13, 3F   ☎ 70 27 69 33   ⏰ 週一～四10:00～19:00；週五10:00～20:00；週六10:00～17:00   休 週日   🌐 www.rosendahl.com   📷 S27   🚍 T7、T8

---

**B3**      `MAP` 05 / G9 (內城區)

# Illums Bolighus

**家居設計：**1925年成立，1941年更名為今日的Illums Bolighus。有人說，這裡是「世界上購買家居裝潢最棒的所在」，一直以來，伴隨著哥本哈根走過設計的黃金歲月，至今歷久不衰。對喜愛家居設計的人而言，Illums Bolighus絕對是重要的朝聖景點。其地點位在Strøget中心的Amagertorv，喬治傑生銀器和皇家哥本哈根瓷器的旗艦店就在隔壁，三者甚至相通。

　　這個面積11,000平方公尺的4層樓賣場，展示的是現代高品質的居家文化，精緻卻又不曲高和寡，也是哥本哈根的王室供應商之一。商品主要來自丹麥及北歐各國，瑞典的Orrefors及Kosta Boda，芬蘭的Iittala等知名品牌也在此設櫃。

　　Illums Bolighus各樓層簡介如下：1樓—玻璃與陶瓷器皿、廚房烹飪用具、燭台及餐桌擺設；2樓—羽毛被與床單被套、浴室用品、個性織品、男女流行服飾；3樓—家具及地毯；4樓—臥室寢具及燈飾。

**DATA**   ✉ Amagertorv 10   ☎ 33 14 19 41
⏰ 週一～五10:00～19:00；週六10:00～17:00   休 週日
🌐 www.royalshopping.com   📷 S11   🚍 T13、T14、T31

# Royal Copenhagen

**皇家哥本哈根瓷器：**1775年成立，最負盛名的「丹麥之花」(Flora Danica)系列，原為丹麥國王計劃贈與俄國女皇的禮物，上頭繪有丹麥的花卉植物，如今儼然成為丹麥國寶。較為人熟知的是「藍釉唐草」(Blue Fluted)系列，歷久不衰。除了餐具之外，產品線中還有瓷偶和每年出品的聖誕紀念盤，是收藏家的最愛。

　　這家旗艦店的所在地是哥本哈根市中心最古老的建築物之一，內部數層樓的陳列幾就像是間博物館，呈現了品牌兩百多年來的傲人歷史，說它是哥本哈根最精華的景點也不為過。

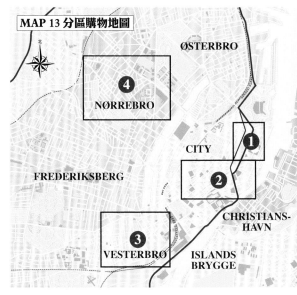

**DATA**
📧 Amagertorv 6　📞 33 13 71 81　🕐 週一～週四10:00～18:00；週五10:00～19:00；週六10:00～17:00　🚫 週日
🌐 www.royalcopenhagen.com　Ⓜ S11　🍴 T13、T14、T31

---

## 分區購物地圖

---

### ❶ 布雷德街 Bredgade
穿過阿瑪連堡宮及大理石教堂之間的布雷德街(Bredgade)有許多藝廊、古董店及高級設計家具店，是精緻文化人士的流連之地。

### ❷ Strøget及其周邊
Strøget號稱歐洲最長的徒步購物街，從國王新廣場一直延伸到市政廳廣場，商店各式各樣，彷彿一個大型的露天百貨公司。靠近國王新廣場的東端以高價位的精品名牌居多，靠近市政廳廣場的西端則較年輕族群與觀光客取向。
周邊的Grønnegade、Kronprinsensgade、以及Købmagergade有北歐與國際的流行時尚。拉丁區(Latiner Kvarteret)文教氣息濃厚，附近有不少舊書店和走新潮路線的二手服飾店。東側與Strøget平行的Strædet是個安靜的半步行街區，有些小型的設計品店和古董店。

**MAP 13 分區購物地圖**

北　ØSTERBRO
NØRREBRO　❹
FREDERIKSBERG　CITY　❶
❷
CHRISTIANS-HAVN
❸
VESTERBRØ　ISLANDS BRYGGE

### ❸ 西橋區 Vesterbro
市政廳廣場和提佛利樂園周邊是觀光客密集之處，中央車站後方的Istedgade西端和Vesterbrogade有不少新興的流行服飾店。

### ❹ 北橋區 Nørrebro‧東橋區 Østerbro
北橋區和東橋區由於離市中心較遠，主要的景點也不在那裡，本書便不予特別介紹。對古董有興趣的人，北橋區的Ravnsbroggade也許值得一訪。

# 布雷德街 Bredgade

王室的阿瑪連堡宮就在此地，這裡堪稱皇家區。布雷德街Bredgade和與之平行的Store Kongensgade有許多藝廊、古董店及丹麥設計家具店，品味精緻高雅，但同時價位也頗高。

### 如何前往

> 搭地鐵M1、M2到Kongens Nytorv站，新港區旁就是Bredgade的開端。1A、15、19號公車沿街行駛。

---

**B5** ▨MAP 04 / F10

## House of Design

**古董家具：**專門收購、修復、並銷售20世紀丹麥及北歐設計名家的家具與器皿，商品可運送至國外。

> D · A · T · A ✉ Bredgade 21 ☎ 33 33 03 00
> 🕐 週一～五10:30～17:30；週六10:00～15:00 休 週日
> http www.houseofdesign.dk 🚇 S8 🍴 T5、T6

---

**B6** ▨MAP 04 / F10

## Jørgen L. Dalgaard

**裝飾藝術：**1974年成立，專精於丹麥的陶瓷與玻璃器皿，此外亦有1920～1980年的家具。

> D · A · T · A ✉ Bredgade 28 ☎ 33 14 09 05
> 🕐 週一～五10:00～18:00；週六12:00～15:00 休 週日
> http www.jdalgaard.dk 🚇 S1 🍴 T2、T30

## B7 MAP 04 / F10

# Dansk Møbelkunst

**北歐古董家具**：北歐古董家具，尤其專精於1920～1975年的丹麥經典。網上銷售可提供商品的狀態報告及照片，可運送至國外。

**DATA** ✉ Bredgade 32　📞 33 32 38 37
🕐 週一～五10:00～18:00；週六10:00～14:00　休 週日
http www.dmk.dk　📷 S1　🍴 T2、T30

## B8 MAP 04 / F10

# Hanne Gundelach

**家居精品**：想讓你家看起來不一樣？這個位在中庭的店面有來自丹麥及國際的精品可供選購，聖誕飾品也是特色之一。

**DATA** ✉ Bredgade 56　📞 33 13 70 44
🕐 週一～五11:00～17:30；週六11:00～15:00　休 週日
http www.gundelach.dk　📷 S1、S2、S3　🍴 T2、T30

## B9 MAP 04 / E10

# Galleri Jesper Packness

**藝術精品**：曲線獨特的燭臺、花瓶、碗盤、馬克杯，有黑白色調也有五彩繽紛，設計師Packness藉由作品展現他特有的幽默。

**DATA** ✉ Store Kongensgade 95　📞 33 91 01 84　🕐 週二～五
12:00～17:30；週六11:00～14:00　休 週日、一
http www.packness.dk　📷 S2、S3　🍴 T2、T30

## B10 MAP 04 / F10

# Montana Mobile

**極簡風家具**：這裡以Montana收納櫃和DJOB工作桌為主，另有一些國際知名品牌。其中Montana的櫃子和書架在哥本哈根很受歡迎，客人可以依其需要訂製自己喜歡的款式和顏色，可跨國運送。

**DATA** ✉ Bredgade 24　📞 33 12 06 90　🕐 週二～五10:00～
18:00；週六10:00～15:00　休 週日、一
http www.montanamobile.dk　📷 S8　🍴 T5、T6

# Strøget及其周邊

地圖上也許找不到Strøget這個名稱，這條號稱歐洲最長的徒步購物街從國王新廣場一直延伸到市政廳廣場，其實是由Østergade、Nydage、Amagertorv、Vimmelskaftet以及Frederiksbergsgade五個區段組成。靠近國王新廣場的東端以高價位的精品名牌居多，靠近市政廳廣場的西端則比較年輕族群與觀光客取向，位居中心位置的Amagertorv有數家丹麥設計的旗艦店，不容錯過。

**如何前往**

Strøget徒步區的範圍不小，外圍有幾個交通樞紐，Kongens Nytorv地鐵站、市政廳廣場以及西邊的Nørreport地鐵站，視逛街的需求從這些點步行前往即可。

---

**B11**　　　　　　　　　　　MAP 05 / G10

# Magasin du Nord

**百貨公司**：1870年成立的老字號，位在國王新廣場，外觀氣派，裡頭各式商品種類齊全。

DATA ✉ Kongens Nytorv 13　📞 33 11 44 33　🕐 週一～四10:00～19:00；週五10:00～20:00；週六10:00～17:00
休 週日　http www.magasin.dk　　S27　🍴 T7、T8

---

**B12**　　　　　　　　　　　MAP 04 / F10

# House of Amber

**琥珀精品**：1933年成立，專售波羅的海琥珀製成的各式飾品，店址樓上有一個小型的琥珀博物館，此外在城裡還有4家分店。

DATA ✉ Kongens Nytorv 2　📞 33 11 76 00　🕐 5～9月10:00～20:00；10～4月10:00～18:00
http www.houseofamber.com　　S8　🍴 T5、T6

## B13 MAP 05 / F10

# Bang & Olufsen

**設計音響：**丹麥知名的音響品牌，以簡單俐落的線條著稱，也有多媒體設備及電話等產品線。這家店面展示了許多B&O的商品。

✉ Kongens Nytorv 26　☎ 33 11 14 15　🕐 週一～四 10:00～18:00；週五10:00～19:00；週六10:00～16:00　休 週日　http www.bang-olufsen.com　📷 S8　🍴 T6

## B14 MAP 05 / F10

# Museums Kopi Smykker

**仿古飾品：**這裡的飾品是仿斯堪地納維亞地區青銅、鐵器及維京時期的真實樣式製造的，材質有青銅、銀或K金可選。

✉ Grønnegade 6　☎ 33 32 76 72　🕐 週一～四10:00～18:00；週五10:00～19:00；週六10:00～14:00　休 週日　http www.museum-jewelry.dk　📷 S9　🍴 T16

## B15 MAP 05 / G9

# A.C. Perchs Thehandel

**茶葉飄香：**王室供應商。1835年成立，堪稱歐洲最古老的茶店，店址至今沒變，店內的裝潢也保有舊時風情。茶葉的種類豐富，一進門就聞到濃濃的茶香。二樓設有高雅的茶室供人品茗。有網路商店。

✉ Kronprinsensgade 5　☎ 33 15 35 26　🕐 週一～四 09:00～17:30；週五09:00～19:00；週六09:30～14:30　休 週日　http www.perchs.dk　📷 S11　🍴 T18

## B16 MAP 05 / G9

# Bruuns Bazaar

**流行服飾：**丹麥知名服飾品牌，走都會時尚路線，剪裁高雅大方。男女裝都有，8號店面是女裝，9號是男裝。

✉ Kronprinsensgade 8 & 9　☎ 33 77 00 77　🕐 週一～四10:00～18:00；週五10:00～19:00；週六10:00～16:00　休 週日　http www.bruunsbazaar.com　📷 S11　🍴 T18

購物

## B17 MAP 05 / G9

# P. Hertz

**珠寶飾品**：王室供應商。1834年成立，丹麥歷史最悠久的珠寶店。金飾、銀飾、寶石、珍珠，款式精緻典雅。

D
A
T
A

📧 Købmagergade 34　📞 33 12 22 16
🕐 週一～五10:00～18:00；週六10:00～14:30　休 週日
http www.phertz.dk　📷 S11　🍴 T18

## B18 MAP 05 / G9

# Arnold Busck International Boghandel

**連鎖書店**：Arnold Busck在丹麥全國有22家連鎖店，總店3層樓的藏書十分豐富，特別在藝術、建築、設計方面。

D
A
T
A

📧 Købmagergade 49　📞 33 73 35 00　🕐 週一～四 10:00～18:00；週五09:30～19:00；週六10:00～16:00
休 週日　http www.arnoldbusck.dk　📷 S10　🍴 T17

## B19 MAP 05 / G9

# Jazz Kælderen

**爵士樂**：1992年成立，專賣爵士樂的唱片行，各式類別都有，是樂迷尋寶的好地方。老闆說，外國客人出示證件可以直接退稅。

D
A
T
A

📧 Skindergade 19　📞 33 91 22 45　🕐 週一～四11:00～17:30；週五11:00～18:30；週六11:00～15:00
休 週日　http www.jazzmusic.dk　📷 S12、S13　🍴 T19

## B20 MAP 05 / G10

# Bodum

**咖啡壺、餐具**：1944年成立的家庭企業。丹麥人愛喝咖啡，Bodum的咖啡壺絕對好用。此外產品線也包含茶具、餐具及各式廚房用品。

D
A
T
A

📧 Østergade 10　📞 33 36 40 80　🕐 週一～四10:00～18:00；週五10:00～19:00；週六10:00～17:00
休 週日　http www.bodum.com　📷 S5　🍴 T2

## B21 MAP 05 / G10

# Sand

**流行服飾：**丹麥服飾知名品牌，行銷歐亞二十多國。男女裝皆有，兼具雅致與質感，有型而舒適。

D A T A

✉ Østergade 40　☎ 33 14 21 21　🕐 週一～四10:00
～18:00；週五10:00～19:00；週六10:00～17:00
休 週日　http www.sand.dk　🚇 T10、T14

## B22 MAP 05 / G10

# Ecco

**鞋子、配件：**「Designed to move you」，為移動而設計的鞋子。丹麥知名品牌旗艦店，男女童鞋都有，有配合運動或上班各種用途的款式。

D A T A

✉ Østergade 55　☎ 33 12 35 11　🕐 週一～四10:00
～18:00；週五10:00～19:00；週六10:00～17:00
休 週日　http www.ecco.com　🚇 T10、T14

## B23 MAP 05 / G10

# Illum

**百貨公司：**城裡最高檔的百貨公司，一樓有「斯堪地納維亞設計師」的流行品牌專櫃。

D A T A

✉ Østergade 52　☎ 33 14 40 02　🕐 週一～四10:00
～19:00；週五10:00～20:00；週六10:00～17:00
休 週日　http www.illum.dk　🚇 T10、T14

## B24 MAP 05 / G10

# H.C. Andersen Shop

**安徒生專賣店：**店內的商品以大師安徒生及其作品為主題，舉凡書籍、CD、紙偶劇場、剪紙、及其他紀念品，應有盡有。有網購服務。

D A T A

✉ Illum百貨公司3樓　☎ 33 18 28 65　🕐 週一～四10:00
～19:00；週五10:00～20:00；週六10:00～17:00
休 週日　http www.hc-andersen-shop.dk　🚇 T10、T14

購物

## B25 MAP 05 / G10

# Sv. Michelsen Chokolade

**手工巧克力**：王室指定供應商。1933年成立，如今傳承至第3代的老牌手工巧克力。三十多種不同的口味，零售及盒裝皆可。

**D A T A**
📧 Illum百貨公司1樓入口旁　📞 33 18 26 30　🕐 週一～四10:00～19:00；週五10:00～20:00；週六10:00～17:00
休 週日　http www.svmichelsen.dk　🚃 T10、T14

## B26 MAP 05 / G9

# Ofelia

**羽毛被**：品質精良的羽毛被，最有名的是以鵝的絨毛製成。質輕保暖，可分冬夏兩季，有國際尺碼。

**D A T A**
📧 Amagertorv 3　📞 33 12 41 98　🕐 週一～四10:00～18:00；週五10:00～19:00；週六10:00～17:00
休 週日　http www.ofelia.dk　🚃 T13、T31

## B27 MAP 05 / G9

# Nørgaard paa Strøget

**流行服飾**：Mads Nørgaard是丹麥的設計師暨時尚品牌。Nørgaard paa Strøget有女裝和童裝，Amagertorv 15的店址則是男裝店。

**D A T A**
📧 Amagertorv 13　📞 33 12 24 28　🕐 週一～四10:00～18:00；週五10:00～19:00；週六10:00～17:00
休 週日　http www.madsnorgaard.dk　🚃 T13、T31、T33

## B28 MAP 05 / G9

# Matas

**連鎖藥妝店**：全丹麥有近300家分店，哥本哈根也常見這個招牌。名牌及平價化妝品、衛生保健用品、家常藥品，這裡都有賣。

**D A T A**
📧 Amagertorv 24　📞 33 32 90 00　🕐 週一～四10:00～18:00；週五10:00～19:00；週六10:00～16:00
休 週日　http www.matas.dk　🚃 T33

## B29 MAP 05 / G9

# Gammel Strand

**跳蚤市場：**不管你是不是古董行家，週末都可以到這裡的攤位來尋寶。東西五花八門，各種價位都有。

**D A T A**
- ✉ Gammel Strand廣場 ☎ 35 26 19 21
- 🕐 5～9月週五、六09:00～17:00
- 🚇 T9

## B30 MAP 05 / G9

# Gammel Strands Øllager

**啤酒倉庫：**這家小店外觀並不起眼，店內的一隅是18世紀時的古蹟，有來自世界各國兩百多種不同的啤酒。

**D A T A**
- ✉ Naboløs 6 ☎ 33 93 93 44
- 🕐 週一～五09:30～17:30；週六10:00～17:30 休 週日
- 🚇 S00、S00 T9、T33

## B31 MAP 05 / G9

# Posterland

**各式海報：**這裡有琳瑯滿目各式主題的海報、藝術複製品及卡片，規模屬北歐最大。鄰近有3家店面，也有網購服務。

**D A T A**
- ✉ Nygade 7 ☎ 33 11 28 21 🕐 週一～四09:30～17:30；週五09:30～19:00；週六09:30～16:00
- 休 週六 http www.posterland.dk 🚇 S12、S13 🚌 T32

## B32 MAP 05 / F8

# Sømods Bolcher

**糖果：**王室供應商。1891年成立，至今仍然堅持沿用舊時的方法製糖，36B的店面旁就是工廠，可參觀製作過程。有78種口味，色彩鮮豔，口味純正，罐裝送禮很討喜。

**D A T A**
- ✉ Nørregade 24 & 36B ☎ 33 12 60 46 🕐 週一～四09:15～17:30；週五09:15～18:00；週六10:00～14:30
- 休 週日 http www.soemods-bolcher.dk 🚇 S12、S13 🚌 T21、T25

購物

## B33 MAP 05 / G8

# Nordisk Korthandel

**特色書店：**
「整個世界在一家店裡」，這家店專賣地圖和旅遊叢書，北歐地區相關的地圖種類尤其詳細，也有專為兒童設計的教育拼圖，適合選購當伴手禮。

**DATA**
- ✉ Studiestræde 26-30　📞 33 38 26 38
- 🕐 週一～五10:30～17:30；週六09:30～15:00　休 週日
- http www.scanmaps.dk　🍴 T20、T23、T34

## B34 MAP 05 / G8

# København K

**二手服飾：**這家平價及二手服飾店有兩個店面，款式繁多，從復古到新潮，從正式到休閒，男女裝都相當齊全，男裝的種類尤其優質有型。

**DATA**
- ✉ Studiestræde 32B 及Teglgårdsstræde 2　📞 33 16 15
- 19　🕐 週一～四11:00～18:00；週五11:00～19:00；週六
- 11:00～17:00　休 週日　🍴 T20、T23、T34

## B35 MAP 05 / G9

# Danish Art & Christmas Shop

**聖誕飾品：**一年到頭，來這裡都可以感受到丹麥的聖誕氣息。老闆有多年的聖誕商品經驗，客源也包括不少旅居海外的丹麥人。有網路商店，海外選購也很方便。

**DATA**
- ✉ Knabrostræde 3　📞 33 32 31 61
- 🕐 週一～五10:00～18:00；週六10:00～17:00　休 週日
- http www.christmasshop.dk　Ⓢ S12、S13　🍴 T22、T23

## B36 MAP 05 / G9

# Stilleben

**設計陶瓷：**店面柔和清爽，商品以陶瓷器皿為主，有不少丹麥年輕設計師的作品，店主本身也是丹麥設計學院的專科出身。

**DATA**
- ✉ Læderstræde 14　📞 33 91 11 31　🕐 週一～四10:00
- ～18:00；週五11:00～19:00；週六11:00～16:00
- 休 週日　http www.stilleben.dk　🍴 T13、T31

## B37 　MAP 05 / G9

# Unika Kunst håndværk

**手工精品：**這裡有來自5個不同設計師的手工藝品，毛衣服飾、精緻金銀飾品，還有色彩鮮豔的壁毯。

---

DATA
- ✉ Kompagnistræde 3　☎ 33 11 43 55
- ◷ 週一～五11:00～18:00；週六10:00～16:00　休 週日
- http www.unika-art.dk　🍴 T22、T33

## B38　MAP 05 / H9

# Casalinga

**童裝、瓷器：**兩個年輕的女設計師共同創作的品牌，她們的作品包含了童裝、瓷製的器皿與飾品。店面樓上就是工作室。

---

DATA
- ✉ Kompagnistræde 23　☎ 22 77 34 29　◷ 週一～四11:00～17:30；週五11:00～18:00；週六11:00～15:00
- 休 週日　http www.casalinga.dk　🍴 T22

## B39　MAP 05 / G9

# Hugin & Mugin

**童裝：**店名源自北歐神話裡的兩隻智慧之鳥，童裝的設計品牌，強調色彩鮮豔又舒適實穿，有網購服務。

---

DATA
- ✉ Kompagnistræde 12　☎ 33 91 81 24
- ◷ 週一～五11:00～18:00；週六10:00～16:00　休 週日
- http www.hugin-mugin.dk　🍴 T22、T33

## B40　MAP 05 / G9

# Dansk Håndværk

**設計精品：**這裡有6個不同的設計師，作品包含了織品及瓷器等。其中最受歡迎的應該是Lars Jensen的木製玩具，生日火車一歲加一節車廂，目前有20種不同的顏色。

---

DATA
- ✉ Kompagnistræde 20　☎ 33 11 45 52　◷ 週一～四11:00～17:30；週五11:00～18:30；週六11:00～15:00
- 休 週日　🍴 T22、T33

# 西橋區 Vesterbro

市政廳廣場和提佛利樂園周邊是觀光客密集之處。中央車站後方的Istedgade原是哥本哈根的紅燈區，如今Istedgade西端和Vesterbrogade有不少吸引本地人的新興流行服飾店。

**如何前往**
● 中央車站是主要交通樞紐，10號公車沿Istedgade行駛，6A和26號公車沿Vesterbrogade行駛。

---

**B41**　　　　　　　　　　　　　MAP 05 / H9

# Dansk Design Center

**設計商品：**丹麥設計中心的附屬商店，不用門票即可進入。有不少北歐設計商品及相關書籍，Travel Light系列商品讓您能輕便地出門旅行。

D
A
T
A
✉ HC Andersens Boulevard 27　📞 33 69 33 68
🕐 週一～五10:00～17:00；週三10:00～21:00；週六11:00～16:00　休 週日　http www.ddc.dk　🚇 S18、S20

---

**B42**　　　　　　　　　　　　　MAP 05 / H8

# Artium

**北歐設計：**斯堪地納維亞設計專賣店，除了丹麥的知名品牌之外，芬蘭Mari-mekko的產品也相當豐富。

D
A
T
A
✉ Vesterbrogade 1　📞 33 12 34 88
🕐 週一～五09:30～18:00；週六09:30～14:00　休 週日
🚇 S17、S19、S29

## B43
MAP 06 / I5

# Donn ya doll

**流行服飾：**這家女裝店有各式各樣北歐設計的衣服、配件和飾品，流行的愛好者不妨來此一逛。

**DATA**
✉ lstedgade 55　📞 33 22 66 35
🕐 週一～五11:00～18:00；週六11:00～15:00　🛑 週日
http www.donnyadoll.dk

## B44
MAP 06 / I4

# Designer Zoo

**設計精品：**這間「設計師動物園」網羅了8位設計高手，他們的專長包含家具、飾品、玻璃、瓷器等，兩層樓的店面，內容精采。

**DATA**
✉ Vesterbrogade 137　📞 33 24 94 93　🕐 週一～四
10:00～17:30；週五10:00～19:00；週六10:00～15:00
🛑 週日　http www.designerzoo.dk

## B45
MAP 06 / G1

# 皇家哥本哈根、喬治傑生暢貨中心

**設計精品：**這2個品牌是丹麥設計的精髓，逛過Amagertorv的旗艦店之後，不妨來這裡挖寶，過季的商品種類眾多且折扣佳，是購買伴手禮的好地方。

**DATA**
✉ Søndre Fasanvej 9　📞 38 34 10 04 / 38 14 98 98
➡ 搭14、15號公車至Fasanvej站　🕐 週一～五10:00～
17:30；週六10:00～14:00　🛑 週日　S25

美食
**Taste It**

# Copenhagen

**Taste It - Copenhagen**

有人說，哥本哈根是北歐的美食新都心。熱衷精緻美食的饕客，這裡有近十家米其林星級餐廳，歐亞美非各式異國料理的選擇也很豐富。傳統的丹麥食物受早期農業社會的影響，不脫魚肉馬鈴薯之譜，份量足熱量高，烹調方式多見煙燻、醃漬，以利食物之保存。

丹式料理中最有名、遊客必嚐的是「開口三明治」（Smørrebrød），口味繁多，肉類海鮮都有。各式鯡魚料理也是特色之一。喜歡甜點的人，香酥的丹麥點心(Danish Pastry)不能錯過。

## 用餐注意事項

**飲水** 飲水方面，丹麥的自來水可以生飲。餐廳提供自來水時，有時會酌收DKK5的冰塊費。點瓶裝礦泉水則有添加氣泡與無氣泡兩種。

**小費** 餐廳的帳單中一般已含服務費了，常見的作法是將帳單金額取整數，例如：帳單金額DKK142，但實付DKK150。此外需注意，在餐廳刷外國信用卡通常須加4～5%的手續費。

### 丹麥經典美味

# 開口三明治
## Smørrebrød

開口三明治(Smørrebrød)，也有人譯作「開放式三明治」或「露餡三明治」，字面上的意思其實就是奶油麵包。其組成是一片塗了奶油的裸麥黑麵包或白麵包，上頭加上「舖物」(pålæg)。這舖物可說是五花八門，海鮮肉類起司都有，怎麼搭配是學問也是藝術。

家常的開口三明治其實很簡單，麵包上放一片丹式臘腸火腿或塗上肝醬(leverpostej)就完成了，大人小孩帶著上班上學當午餐。餐廳裡的版本華麗許多，有的依菜單點餐，有的看著做好的實物點，此外還有些地方提供開口三明治吃到飽(buffet)。

此外，snaps烈酒也是斯堪地納維亞的特色，一般是一小杯的akvavit或伏特加，道地的開口三明治常以冰涼的snaps或啤酒佐之。

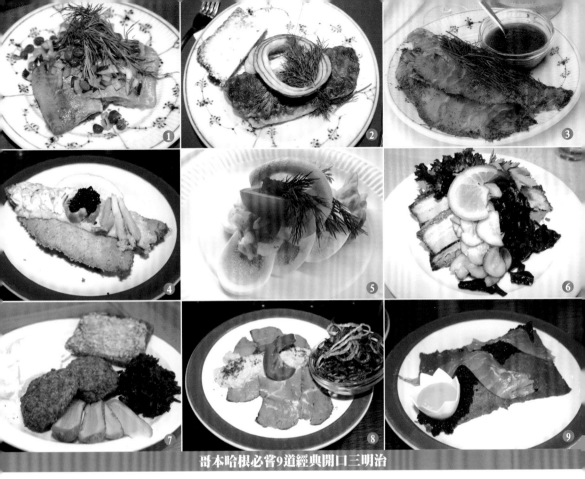

**哥本哈根必嘗9道經典開口三明治**

① **醃鯡魚** Marineret Sild
用醋醃製，配上生洋蔥。

② **炸鯡魚** Stegt Sild
炸好後浸在醋裡，口感清新。

③ **醃鮭魚** Gravad Laks
道地北歐特色。

④ **炸鰈魚** Stegt Rødspættefilet
上頭加蝦仁及美乃滋。

⑤ **蝦仁和蛋** Rejer og Æg
水煮新鮮蝦仁。

⑥ **烤豬肉** Ribbensteg
一定得配上醃黃瓜和甜菜根。

⑦ **丹式肉丸** Frikadeller
搭配醃黃瓜、甜菜根和馬鈴薯沙拉。

⑧ **烤牛肉片** Roastbeef
上頭加remoulade醬和炸洋蔥。

⑨ **生牛肉餅** Tartar med Æggeblomme
低脂牛絞肉加生蛋黃。

**有趣的菜名**

# 獸醫的宵夜
## Dyrlægens Natmad

裸麥麵包上加有肝醬、香料肉脂、肉凍、牛肉片還有洋蔥圈，很丹麥的組合，據說以前有個獸醫每晚都得吃上一套，特別的名稱於是誕生。

哥本哈根必吃15道特色點心

## 哥本哈根街頭景色

# 熱狗攤

熱狗攤自1920年代開始出現,是丹麥最常見的街頭小吃,如今已是頗具丹麥特色的風景。一支熱狗DKK20左右。

## 丹式熱狗

丹式熱狗肉餡及香料有不同的口味,水煮或烤製,一般搭配番茄醬、芥茉醬、或一種叫remoulade的奶醬,也可以夾入小麵包,撒上醃黃瓜和洋蔥吃。

**❶ Medister** 五花豬肉加香料。

**❷ Frankfurter** 法蘭克福熱狗。

**❸ Ristet Hotdog**
烤熱狗加醃黃瓜和洋蔥酥。

## 特色甜點

丹麥的甜點中,各式莓果是常見的材料。

**❹ Rødgrød**
用多種紅莓煮成的甜湯,「Rødgrød med fløde」(淋上奶油的紅莓粥)也是丹麥文中知名的繞口令,不妨學著念念看。

**Danish Pastry**

**⑤ Hindbærsnitte**
覆盆子莓點心。

**⑥ Jordbær**
新鮮草莓，好料不用複雜。

**⑦ Jordbærtærte**
草莓塔，裡面有杏仁泥和巧克力。

## 丹麥點心

大家對丹麥點心應該不陌生，英文也叫Danish Pastry，但其丹麥文名稱Wienerbrød意思卻為「維也納麵包」，這可能要追溯到當初的烘焙背景。丹麥的丹麥點心大多是甜口味的，內含大量的糖和奶油，熱量相當高。

**⑧ Spandauer med Crème**
常見的丹麥點心，奶油糖霜口味。

**⑨ Kringle**
原本是個大橢圓，分成小塊。

**⑩ Chokoladebolle**
巧克力球。

**⑪ Overskårne med Creme**
奶油切片。

**⑫ Overskårne med Choko**
巧克力切片。

**⑬ Megasnegle**
重量級蝸牛。

**⑭ Wienerbrød med Mandel**
香酥杏仁派。

**⑮ Danish Specialty**
意思是「丹麥特色」，奶油內餡的麵包。

T1　　　　　　　　　　　　　　　　MAP 05 / G12 (克利斯提安港區)

# Noma

**精緻北歐：** 位在一棟水岸邊翻新的舊倉庫裡，Noma在哥本哈根的美食圈炙手可熱。2007年被米其林評等為二星級，同年英國倫敦的Restaurant美食雜誌亦將之列為「世界50家最佳餐廳」的第15名。

　　Noma之所以受饕客們這般激賞，祕訣在於其用料的特別與烹調的創新。這裡採用新鮮又道地的北歐食材，有家常也有昂貴，丹屬法羅群島的深海螃蟹、冰島的野生鮭魚及海藻、格陵蘭的牛羊，這裡都可能吃到；丹麥的野莓和南瑞典森林裡的香草也常見入菜。

　　主廚René Redzepi年紀才30出頭，已經有豐富的高級餐飲經驗。這會兒他四處蒐集北歐的飲食傳統後，發揮創意重新呈現。Noma證明了精緻美食不是法國的專利，北歐風格也能讓味蕾驚艷！

**DATA**
✉ Strandgade 93　📞 32 96 32 97　➡ 搭2A、66等公車至Knippelsbro站，步行約700公尺　🕐 午餐：週二～五12:00～13:30；晚餐：週一～六18:00～22:00　💲 午間3道菜套餐DKK325，晚間7道菜套餐DKK800　http www.noma.dk

T2　　　　　　　　　　　　　　　　MAP 04 / F10 (內城區)

# Ida Davidsen

**經典開口三明治：** 1888年Oskar Davidsen在北橋區開了一家開口三明治專賣店，菜單上有178種選擇，菜單之長還曾上過金氏紀錄。傳承至今日的Ida Davidsen是第5代經營，菜單的長度有增無減，洋洋灑灑累計將近250種。

　　Ida Davidsen已把開口三明治提升到藝術的層面了，她將這項丹麥的飲食傳統用華麗的手法呈現，視覺上賞心悅目，送入嘴裡更讓人回味。這裡的常客不少，其中某些開口三明治甚至以名人命名，「Prinsesse Alexandra」來自丹麥前王妃文雅麗，她的亞洲背景讓鮭魚添了些芥末的新奇口感。

　　餐廳的內部舒適且具懷舊風情，這樣的地方，說它是一個觀光景點也著實不為過哩！

**DATA**
✉ Store Kongensgade 70　📞 33 91 36 55　➡ 搭1A、15、19號公車至Odd Fellow Palæet站　🕐 週一～五10:00～17:00　🚫 週末例假日、7月　💲 DKK100以下　http www.idadavidsen.dk　📷 S2　🎞 B6、B7

T3　　　　　　　　　　　　　　　　MAP 04 / E10 (內城區)

# Café Toldboden

**丹式午餐：** 提供開口三明治及一些熱食，材料新鮮且口味道地，非常受附近上班族的歡迎。客人需要至櫃台前看著食物點餐，Bornholm式的煎鯡魚是招牌之一，單點一份DKK56。

**DATA**
✉ Amaliegade 41　📞 33 12 94 67　➡ 搭1A、15、19號公車至Fredericiagade站　🕐 週一～五11:00～16:00　🚫 週六、日　📷 S3

美食

## T4

**MAP** 04 / E8 (內城區)

# Traktørstet på Rosenborg

**丹式料理：**位在玫瑰宮旁，順道而來的遊客不少。午間提供道地的丹式料理，天氣好的時候露天座位宜人，不妨點個咖啡蛋糕小坐。

D **A** **T** **A**
✉ Øster Voldgade 4A　📞 33 15 76 20　➡ 搭5A、6A、14、26、42、43號等公車　🕐 11:00～16:00　休 11～5月週一　💲 DKK100以內　🚇 S6、S7

## T5

**MAP** 04 / G10 (內城區)

# Cap Horn

**有機美食：**這家餐廳位在新港區17世紀的建築裡，裝潢保持舊時風格。餐點飲料大量採用有機食材，從早到晚提供食客健康美味的選擇。

D **A** **T** **A**
✉ Nyhavn 21　📞 33 12 85 04　➡ 搭地鐵或公車至Kongens Nytorv站，步行至新港區　🕐 09:00～01:00　http www.caphorn.dk　🚇 S8　🚌 B12

## T6

**MAP** 04 / G10 (內城區)

# Nyhavns Færgekro

**丹式料理：**這裡內外皆有新港區的迷人風情。午間的特色是10種不同口味的鯡魚料理，吃到飽只要DKK109，此外也有多種開口三明治。

D **A** **T** **A**
✉ Nyhavn 5　📞 33 15 15 88　➡ 搭地鐵或公車至Kongens Nytorv站，步行至新港區　🕐 09:00～01:00　http www.nyhavnsfaergekro.dk　🚇 S8　🚌 B12

## T7

**MAP** 05 / G10 (內城區)

# Café à Porta

**歐陸情調：**白色的外牆，裡頭卻是別有洞天的華麗。午餐有丹式經典或輕食沙拉，晚餐則供應精緻的地中海菜色，週一～五有早餐，下午來喝杯咖啡也不錯。

D **A** **T** **A**
✉ Kongens Nytorv 17　📞 33 11 05 00　➡ 搭地鐵或公車至Kongens Nytorv站　🕐 週一～五08:00～16:00，17:00～22:00；週六11:00～16:00，17:30～22:00；週日12:00～21:00　http www.cafeaporta.dk　🚇 S27　🚌 B2、B11

---

**T8**　　　　　　　　　　　　　　　　MAP 05 / G10 (內城區)

# Kong Hans Kælder

**米其林美食：**2007年米其林評鑑一星級，餐廳座落在哥本哈根最古老的建築裡，有中古風味，美食美酒頂級饗宴。

圖片提供 / www.konghans.dk

**DATA** 📧 Vingårdsstræde 6　📞 33 11 68 68　➡️ 搭地鐵或公車至Kongens Nytorv站，步行3分鐘　🕐 週一～六08:00～00:00　💲 主菜約DKK400，4道菜套餐約DKK800　🛌 週日　http www.konghans.dk　S27　B2、B11

---

**T9**　　　　　　　　　　　　　　　　MAP 05 / G9 (內城區)

# Restaurant Gammel Strand

**丹、法式海鮮：**位在運河旁，天氣好時露天座位宜人。午間有丹式傳統料理等多樣選擇，晚間走精緻路線。

**DATA** 📧 Gammel Strand 42　📞 33 91 21 21　➡️ 搭1A、2A、15號公車至Christiansborg站，過Højbro橋　🕐 午餐12:00～15:30；晚餐17:30～22:00　🛌 10～3月週日　💲 午餐DKK65起；晚間主菜DKK200起，套餐DKK350起　http www.gammelstrand.dk　B29、B30

---

**T10**　　　　　　　　　　　　　　　　MAP 05 / G10 (內城區)

# Slotskælderen hos Gitte Kik

**丹式午餐：**城裡最受歡迎的開口三明治餐廳之一，經營近百年，食物依循傳統食譜製成，午餐時間人潮絡繹不絕。櫃台前的各式選擇讓人目不暇給。

**DATA** 📧 Fortunstræde 4　📞 33 11 15 37　➡️ 搭1A、2A、15公車至Christiansborg站，過Højbro橋　🕐 週二～六10:00～17:00　🛌 週日、一　B22、B23、B24、B25

---

**T11**　　　　　　　　　　　　　　　　MAP 05 / H9 (內城區)

# Kanal Cafeen

**丹式午餐：**1852年營業至今，氣氛懷舊而舒適。鄰近丹麥國會，午間常有政客前來捧場。菜單上有35種開口三明治經典組合，任君挑選。

**DATA** 📧 Frederiksholms Kanal 18　📞 33 11 57 70　➡️ 搭1A、2A、15公車至Stormbroen站　🕐 週一～五11:30～19:00；週六10:30～16:00　🛌 週日　💲 DKK50左右　http www.kanal-cafeen.aok.dk　S16

美食

## T12 MAP 05 / H10 (內城區)

# Søren K

**新潮精緻：**這家位在皇家圖書館黑鑽石大樓的餐廳有北歐式的極簡風，餐點和裝潢同樣有新潮精緻的設計感，晚餐走高級路線。

**DATA**
✉ Søren Kierkegaards Plads 1　☎ 33 47 49 49
➡ 搭66號公車至Søren Kierkegaards Plads站或海港巴士901 Det Kongelige Bibliotek　🕐 週一～六12:00～00:00
🛏 週日　💲 午餐約DKK100，晚餐主菜DKK200以上
http www.soerenk.dk　🚇 S15

## T13 MAP 05 / G9 (內城區)

# Café Europa

**咖啡簡餐：**1989年柏林圍牆倒下前開幕。這裡的拿鐵是由世上最好的咖啡師調製的，搭配蛋糕點心。餐點方面以漢堡、沙拉、三明治為主。

**DATA**
✉ Amagertorv 1　☎ 33 14 28 89　➡ 位於Strøget徒步區的中心位置　🕐 週一～五08:00～00:00；週六、日09:00～23:00　💲 DKK100～150　🚌 B1、B3、B4、B26

## T14 MAP 05 / G10 (內城區)

# Café Norden

**簡餐甜點：**2樓的窗位望出去就是人潮熙攘的Amager-torv。這裡的糕點由Illum烘焙坊提供，此外也有湯、沙拉和三明治等，13:00前提供豐富的早午餐。

**DATA**
✉ Østergade 61　☎ 33 11 77 91　➡ 位於Strøget徒步區的中心位置　🕐 09:00～00:00　💲 早午餐含飲料DKK125
🚌 B22、B23、B24、B25

## T15 MAP 05 / G10 (內城區)

# Den Grønne Kælder

**健康素食：**這家素食餐廳80%採用有機食材，料好實在又新鮮。可能含蔥蒜，忌食者請事先詢問。提供熱菜、冷食、甚至拼盤搭配。

**DATA**
✉ Pilestræde 48　☎ 33 93 01 40
➡ 搭地鐵或公車至Kongens Nytorv站，步行約5分鐘
🕐 週一～六11:00～22:00　🛏 週日
💲 午餐DKK65起，晚餐DKK95起　🚌 B15、B16、B17

## T16 MAP 05 / G10 (內城區)

# La Vecchia Signora

**義式小館：**這家小館以披薩著稱，數度榮獲城裡最佳披薩的頭銜，烤爐從義大利進口，麵點與甜點都不錯。用餐區夏有露台，冬有火爐。

**DATA**
✉ Grønnegade 12-14　☎ 33 16 00 48　➡ 搭地鐵或公車至Kongens Nytorv站，步行約2分鐘　🕐 17:00～00:00　💲 披薩約DKK100　http www.la-vecchia-signora.dk　📷 S9　🎟 B14

## T17 MAP 05 / G9 (內城區)

# Sunset Boulevard

**低脂速食：**丹麥本土速食連鎖，主打健康低脂。三明治有冷、熱、火烤三式和多種口味可選，薯條的脂含量僅9％。中央車站內亦有設點。

**DATA**
✉ Købmagergade 43　☎ 33 32 67 37　➡ 位於Strøget徒步區附近，由Nørreport地鐵站步行約5分鐘　🕐 週一～六10:00～22:00；週日11:00～22:00　💲 搭配薯條飲料的套餐DKK55　http www.sunset-boulevard.dk　📷 S10　🎟 B18

## T18 MAP 05 / G9 (內城區)

# Café Sommersko

**丹式法式餐點：**一邊是咖啡館，一邊是餐廳。15:00之前供應豐富的早午餐和三明治，午餐自11:00起，有沙拉或熱食，晚餐的牛肉或雞肉漢堡是熱門選擇。

**DATA**
✉ Kronprinsensgade 6　☎ 33 14 81 89　➡ 搭地鐵或公車至Kongens Nytorv站，步行約5分鐘　🕐 週一～六08:00～22:30；週日10:00～22:00　💲 約DKK100　http www.sommersko.dk　📷 S11　🎟 B15、B16、B17

## T19 MAP 05 / G9 (內城區)

# Peder Oxe

**肉排時蔬：**餐廳位在市中心一個歷史悠久的小廣場上，提供高品質的肉排、海鮮料理，點主餐外加DKK49即可享用新鮮的沙拉吧。午餐有丹式三明治，晚餐有有機牛肉漢堡。

**DATA**
✉ Gråbrødretorv 11　☎ 33 11 00 77　➡ 搭地鐵或公車至Nørreport站，步行5分鐘　🕐 11:30～23:00　💲 有機牛肉漢堡DKK129　http www.pederoxe.dk　🎟 B19、B28

## T20 MAP 05 / G8 (內城區)

# Fox Kitchen & Bar

**新潮北歐：**位在Fox Hotel裡，與飯店同樣有活潑時尚的設計感，菜色具有北歐概念，健康又新潮，可搭配吧台特調的雞尾酒。

**DATA**
✉ Jarmers Plads 3
☎ 33 38 70 30
➡ 自市政廳廣場步行3分鐘
🕐 週日～四17:00～00:00
　週五、六17:00～02:00
💲 套餐DKK200～300
http www.foxkitchen.dk
🎟 B33、B34

圖片提供 / www.foxkitchen.dk

美食

## T21 MAP 05 / F9 (內城區)

# MR Restaurant

**米其林美食：** 米其林一星級，走精緻高價路線，主廚Mads Refslund選用丹麥當季的新鮮食材，烹調融合經典與摩登，有酒單搭配。

圖片提供 / MR

DATA
- ✉ Kultorvet 5　📞 33 91 09 49　➡ 搭地鐵或公車至Nørreport站，步行2分鐘　🕐 週一～六18:00～00:00
- 休 週日　💲 4道菜套餐DKK600，7道菜套餐DKK750
- http www.mr-restaurant.dk　📷 S10　🅱 B32

## T22 MAP 05 / G9 (內城區)

# RizRaz

**地中海料理：** 地中海蔬食吧是這家餐廳的招牌，以沙拉為主，搭配幾樣熱食。午、晚餐吃到飽很受歡迎，想吃魚肉的人也另有主餐可點。

DATA
- ✉ 分店一Kannikestræde 19；分店二Kompagnistræde 20
- 📞 分店一 33 32 33 45；分店二 33 15 05 75
- ➡ 分店一自Nørreport地鐵站步行5分鐘，分店二自市政廳廣場步行5分鐘　🕐 11:30～00:00　💲 吃到飽中午DKK69，晚上DKK79；主餐DKK100起　http www.rizraz.dk　🅱 B19

## T23 MAP 05 / G8 (內城區)

# La Galette

**法式煎餅：** 充滿法式情調的煎餅專賣店。鹹口味煎餅用法國進口的蕎麥粉製成，DKK45起，燻鮭魚和魚子醬的華麗版DKK100。甜點可麗餅DKK35起。

DATA
- ✉ Larsbjørnsstræde 9, Baghuset　📞 33 32 37 90
- ➡ 自市政廳廣場步行3分鐘　🕐 週一～六12:00～16:00，17:30～22:00；週日16:00～22:00
- http www.lagalette.aok.dk　🅱 B33、B34

## T24 MAP 06 / I6 (西橋區)

# Cofoco

**法式料理：** 品嘗精緻的法式料理而不用荷包大失血，是這家餐廳最動人的主張。裝潢簡單雅致，菜單定期更換。

DATA
- ✉ Abel Cathrines Gade 7　📞 33 13 60 60
- ➡ 中央車站後方步行約400公尺
- 🕐 週一～六17:30～00:00　休 週日
- 💲 3道菜套餐DKK250　http www.cofoco.dk

## T25 MAP 05 / H8 (內城區)

# Jensen's bøfhus

**牛排連鎖：** 全丹麥的連鎖牛排屋，哥本哈根有5家分店。午餐價格誘人，DKK69就可以享用牛排，此外也有雞肉、沙拉、甜點等選項。

DATA
熱門地點分店位置
- ✉ Gråbrødretorv 15　📞 33 32 78 00
- ✉ Kultorvet 15　📞 33 15 09 84
- ✉ Axeltorv 6　📞 33 12 16 66
- ✉ Vesterbrogade 11A　📞 33 25 03 66
- 🕐 12:00～ 22:00，各家分店略有不同
- 💲 午餐DKK69，晚餐牛排DKK130起
- http www.jensens.com

## T26
MAP 06 / I6 (西橋區)

# Fu Hao

**中式港飲：**中央車站正後方，這家餐廳的港式點心種類眾多，每份DKK30起。此外也有中式熱炒，炒飯DKK75起。口味道地價格實惠，常常高朋滿座。

**D A T A**
- ✉ Colbjørnsensgade 15　📞 33 31 89 85
- ➡ 中央車站後方步行100公尺
- 🕐 12:00～22:00　休 週三

## T27
MAP 06 / I6 (西橋區)

# Thai Esan

**泰式料理：**由於附近有一些亞洲商店，這家餐廳就地取材用料新鮮，常有泰國人上門。咖哩份量足又下飯，泰式酸辣湯也很受歡迎。

**D A T A**
- ✉ Lille Istedgade 7　📞 33 24 98 54
- ➡ 中央車站後方步行約300公尺　🕐 12:00～23:00
- 💲 主菜DKK80起

## T28
MAP 05 / I11 (克利斯提安港區)

# L'Altro Antiristorante

**義式料理：**這家氣氛溫馨的餐廳主打的是義大利中部Umbria地區的家常菜色，喜歡義式料理的朋友不妨一試。只有套餐供應，沒有單點。

**D A T A**
- ✉ Torvegade 62　📞 32 54 54 06
- ➡ 搭地鐵M1、M2至Christianhavn站
- 🕐 週一～六17:30～00:00　休 週日
- 💲 不含甜點的套餐DKK298　🌐 www.laltro.dk　📷 S21

## T29
MAP 05 / I10 (克利斯提安港區)

# Restaurant Viva

**海鮮：**餐廳位在港邊的一艘船上，情調浪漫，靠窗的位子景色佳。蝦蟹及魚子醬是招牌，另外也有一些口感清新的菜式。

**D A T A**
- ✉ Langebrogade Kaj 570　📞 27 25 05 05　➡ 搭5A號公車至Klakvigsgade站，步行2分鐘　🕐 11:30～15:00，17:30～22:00　💲 午餐DKK65起，晚餐每道DKK100起
- 🌐 www.restaurantviva.dk

---

**哥本哈根用餐新體驗**

# 與丹麥人共餐 Dine with the Danes

想不想到丹麥人的家中品嘗道地餐點，親身感受一下丹式的閒適(hygge)！此爲1970年代丹麥旅遊局開展的活動，中間曾中斷過，如今爲私人經營。2～3道菜、飯後的咖啡和點心，外加文化的交流，體驗價格約DKK400。有興趣者請於一週前以網路或電話預約。

📞 26 85 39 61　🌐 www.dinewiththedanes.dk

美食

## T30

MAP 04 / F10 (內城區)

# Mormors

這家「外婆的」店小而溫馨，座位不多，很多人來外帶。現做的果汁及冰沙，還有三明治都很熱門。

DATA
- ✉ Bredgade 45　☎ 33 16 07 00
- ➡ 搭1A、15、19號公車至Fredericiagade站
- ⏰ 週一～五09:30～16:00　休 週六、日
- http www.mormors.dk　S1、S2　B6、B7

## T31

MAP 05 / G9 (內城區)

# The Royal Cafe

位於皇家哥本哈根和喬治傑生的旗艦店之間，店內盡是高雅新潮的丹麥設計。除了咖啡、茶和糕點，「Smushi」是以壽司手法呈現的開口三明治。

以上圖片提供 / Claes Bech Poulsen

DATA
- ✉ Amagertorv 6　☎ 38 14 95 27
- ➡ 位於Strøget徒步區的中心位置
- ⏰ 週一～五10:00～19:00，週六、日10:00～17:00
- http www.theroyalcafe.dk　B1、B3、B4

## T32

MAP 05 / G9 (內城區)

# La Glace

1870起至今第6代，哥城最古老的甜點屋，人氣鼎盛。蛋糕與藝術在此結合，有一款甚至以安徒生為名。

DATA
- ✉ Skoubogade 3　☎ 33 14 46 46
- ➡ 在Strøget徒步區附近，自市政廳廣場步行約5分鐘
- ⏰ 週一～六09:00～17:00　休 週日
- http www.laglace.dk　S12、S13　B31、B35

## T33

MAP 05 / G9 (內城區)

# Trianon

位在Strøget鬧街的轉角，適合逛街逛累時歇腳。這裡的丹麥點心種類眾多，咖啡和茶價位實惠。

DATA
- ✉ Hyskenstræde 8　➡ 自市政廳廣場步行約5分鐘
- ⏰ 週一～五07:30～18:00；週六09:00～17:00　休 週日
- http www.trianon.dk　B27、B28

## T34　MAP 05 / G8 (內城區)

# Robert's Coffee

提供咖啡、茶、果汁、點心，「有機」是這裡的主張。位於拉丁區，頗具學生氣息。地下室有北非式的茶座，帷簾坐墊華麗多彩。

**DATA**
✉ Larsbjørnsstræde 17　📞 33 32 66 10　➡ 自市政廳廣場步行約3分鐘　🕐 週一～四10.00～23:00；週五10:00～01:00；週六11:00～00:00；週日12:00～19:00
🌐 www.robertscoffee.dk　🚏 B33、B34

## T35　MAP 05 / H11 (克利斯提安港區)

# Lagkagehuset

櫥窗裡的甜點種類之多，望之令人垂涎，麵包也很出色。進門時別忘了先抽個號碼牌，叫號點餐，自行入座。遊客中心內有一小家分店。

**DATA**
✉ Torvegade 45　📞 32 57 36 07
➡ 搭地鐵M1、M2至Christianhavn站　🕐 06:00～19:00
🌐 www.lagkage huset.dk　📷 S21

## T36　MAP 06 / H6 (西橋區)

# Estate Coffee

這裡的咖啡直接從產地的農場或合作社購得，品質掛保證。愛咖啡的朋友，一進門聞到香氣就知道了。

**DATA**
✉ Gammel Kongevej 1　📞 38 11 12 11　➡ 自Vesterport車站步行200公尺　🕐 週一～五08:00～22:00；週六、日10:00～22:00　🌐 www.estatecoffee.dk

## T37　MAP 06 / I5 (西橋區)

# Granola

充滿懷舊情懷的迷人小館，咖啡、巧克力、冰淇淋都值得一試，還有別處吃不到的紅莓粥(rødgrød)和燕麥粥。

**DATA**
✉ Værnedamsvej 4　📞 33 25 00 80
➡ 搭26號公車至Værnedamsvej站
🕐 週一～五09:00～17:30；週六09:00～16:00

圖片提供 / www.kglteater.dk

# Copenhagen

圖片提供 / www.kglteater.dk

圖片提供 / www.kglteater.dk　　　　圖片提供 / www.kglteater.dk

## W a t c h　I t　-　C o p e n h a g e n

哥本哈根的藝文表演界十分活躍,古典和新潮交會。古典演出因為有國家經費援助,票價算合理。最知名的場所為皇家劇院以及2005年開幕的歌劇院,到那裡觀賞表演的民眾一般不用盛裝,但也應避免太隨便的穿著。

圖片提供 / www.kglteater.dk

**定期音樂會** 為推廣古典音樂,旅遊局策劃並主辦了定期音樂會。「週三音樂會」於9月到次年4月每週三舉行,「城堡音樂會」於5月到8月每週五舉行,兩者皆免費,長度約45分鐘。 http www.onsdagskoncerter.dk和www.castleconcerts.dk

**現場演奏** 現場音樂這裡也有多樣化的選擇,不管是爵士藍調,還是嘻哈雷鬼。爵士樂在哥本哈根相當盛行,世界知名的爵士音樂節於每年7月初舉行。喜歡夜生活的人,哥城的酒吧更是不虞匱乏,丹麥的飲酒風氣在北歐國家中是最開放的。

**夜間交通** 哥本哈根的大眾運輸一般從清晨營運到午夜,之後有夜間公車行駛,地鐵也於週四、五、六凌晨00:00～05:00加班行駛,提供需要的民眾利用。

## 事前搜尋

這個網站羅列了哥本哈根吃喝玩樂的各項訊息。娛樂方面,有音樂、電影、表演藝術、以及視覺藝術等活動單元可以查詢。 http www.aok.dk

《Copenhagen This Week》英文版每月出刊,詳細列出了當月的活動訊息。在哥本哈根的遊客中心、機場、及飯店等地均供免費索取。 http www.ctw.dk

皇家劇院的官方網站,有芭蕾、古典音樂會、歌劇及戲劇等表演類型的演出場次及內容介紹,亦可由此直接連結購票頁面。 http www.kglteater.dk

可用信用卡預購音樂、體育賽事、藝術戲劇、家庭娛樂、及節慶活動等5大項目的門票,購票完成後可選擇付費郵寄,或親自到售票口或郵局等處取票。 http www.billetnet.dk

全丹麥的電影購票網,含哥本哈根市內的5家戲院,僅丹麥文。 http www.biobooking.dk

表演

## 戲劇、歌劇、芭蕾舞

　　丹麥皇家劇院其實包括了含歌劇院在內的5個表演場所，節目以古典為主，但亦不乏現代的劇碼。此外哥本哈根也有一些新興劇場，不過多是以丹麥文演出。

### W1
MAP 05 / G10 (內城區)

# Det Kongelige Teater

**皇家劇院：**國王新廣場上的地標型建築，自1784年豎立至今，如今是「舊舞台」的所在地。若不看表演只想參觀，週日11:00有導覽。

圖片提供 / www.kglteater.dk

**DATA**
- ✉ Kongens Nytorv　📞 33 69 69 69
- ➡ 乘地鐵或公車到Kongens Nytorv站
- http www.kglteater.dk　📷 S27　🚇 B2、B11　🚇 T7

### W2
MAP 05 / F12 (克利斯提安港區)

# Operaen

**歌劇院：**哥本哈根的水岸新地標，來看表演順便欣賞建築之美，週末有導覽行程可以參加。預購門票可至官方網站或購票網(www.billetnet.dk)。

**DATA**
- ✉ Ekvipagemestervej 10　📞 33 69 69 33
- ➡ 搭66號公車或海港巴士901、902至Operaen
- http www.operaen.dk　📷 S23

### 售票中心 Billetcenter

　　售票中心位於皇家劇院旁，16:00以後可半價購得當日未售出的表演，25歲以下及65歲以上於7日前購票也享半價優待。

✉ August Bournonvilles
　 Passage 1
📞 33 69 69 69

## 電 影

丹麥的電影工業十分興旺，不少電影近年來也陸續在台上映。其中最知名的應屬導演拉斯・馮提爾(Lars von Trier)了，他和湯瑪斯・溫特堡(Thomas Vinterberg)兩人於1995年發表了「逗馬宣言」(Dogme 95)，訂立如拍片時只能用手持攝影機及自然採光等守則，立意與好萊塢的大型商業片抗衡。

丹麥的外國電影以原音播出，配上丹麥文字幕。票價一般在DKK60～80，早場及非週末時段可能較便宜，可多參考。

### 相關網站

丹麥國家電影中心
http www.dfi.dk

電影放映場次查詢
http www.aok.dk

NatFilm電影節，丹麥最大
http www.natfilm.dk

哥本哈根國際紀錄片電影節
http www.cphdox.dk

哥本哈根國際電影節，專攻歐洲電影
http www.copenhagenfilmfestival.com

---

**W3**  **MAP** 05 / H7 (內城區)

# Palads

粉彩的外型引人注意，這個影城共有17廳。

**D A T A**
✉ Axeltrov 9　📞 70 13 12 11
➡ 自中央車站或市政廳廣場步行2分鐘
🚇 T25

---

**W4** **MAP** 05 / H8 (內城區)

# Grand Teatret

市內最古老的戲院之一，有非主流佳片。

**D A T A**
✉ Mikkel Bryggers Gade 8　📞 33 15 16 11
➡ 自市政廳廣場步行1分鐘
🚌 S17、S29、S31

---

**W5** **MAP** 05 / H8 (內城區)

# Metropol

位於Tivoli樂園旁的大樓內，位置便利。

**D A T A**
✉ Vesterbrogade 1 C　📞 70 13 12 11
➡ 位於市政廳廣場旁
🚌 S17、S19、S29　🚇 B42

## 現場音樂

### W6
MAP 05 / G9 (內城區)

# Copenhagen Jazz House

哥本哈根最有名的爵士場所，每年有近250場的演出，門票可於www.billetnet.dk預購，或當天開演前於現場購買。

D
A
T
A
✉ Niels Hemmingsensgade 10　📞 33 15 26 00
➡ 在Strøget徒步區內　🕐 一般開演時間週五、六21:30；
週日～四20:30　http www.jazzhouse.dk
🚇 B1、B3、B4　🚌 T31

### W7
MAP 05 / H9 (內城區)

# Mojo Blues Bar

這裡天天都有現場表演，晚間21:30左右開始，喜歡藍調音樂的人不容錯過。

D
A
T
A
✉ Løngangstræde 21C　📞 33 11 64 53
➡ 自市政廳廣場步行約3分鐘
🕐 20:00～05:00　http www.jazzhouse.dk　📷 S16

### W8
MAP 08 / I8 (內城區)

# Tivoli 提佛利樂園

4～9月開園期間，每週五晚間10點都有露天搖滾音樂會，購買入園門票即可，聽音樂不加價。此外提佛利音樂廳也有豐富的表演節目，內容包含古典、流行搖滾、兒童節目等，精彩多樣。需買票入場，網站可下載節目單。

D
A
T
A
✉ 音樂廳 Tietgensgade 20　📞 33 15 10 12
➡ 從市政廳廣場或中央車站步行
🕐 露天音樂會：4～9月開園期間，每週五22:00
http www.tivoli.dk　📷 S19、S20

## 酒 吧

啤酒是丹麥人最愛的飲料之一，丹麥是北歐國家中唯一不執行酒品公賣制的。除Carlsberg和Tuborg兩大品牌外，最近哥本哈根有不少新興的微型啤酒廠，很受歡迎。

### W9　　　　　　　　　MAP 05 / G10 (內城區)

# Hviids Vinstue

哥本哈根歷史最悠久的酒吧，1723年開業，內裝充滿舊時風情，供應27種丹麥啤酒。也許安徒生也曾是座上賓，當年他的住所就在附近。

📧 Kongens Nytorv 19　📞 33 15 10 64
➡ 乘地鐵或公車至Kongens Nytorv站
🕐 週日～四10:00～01:00；週五、六10:00～02:00
http www.hviidsvinstue.dk　📷 S9　🏠 B20　🍴 T7

### W10　　　　　　　　MAP 05 / H8 (內城區)

# Vesterbro Bryghus

位於市政廳廣場旁，時下流行的微型啤酒廠之一，自家釀製有5種不同的啤酒，提供每種一小杯的「品嘗價」DKK59，也供應午晚餐。

📧 Vesterbrogade 2B　📞 33 11 17 05
➡ 位於市政廳廣場及中央車站之間　🕐 週一～四11:30～02:00；週五、六11:30～04:00；週日12:00～00:00
http www.vesterbrobryghus.dk

### W11　　　　　　　　MAP 05 / H9 (內城區)

# Absolut Icebar Copenhagen

來自瑞典的冰吧，2007年開幕。吧內保持零下5度的恆溫，內裝及酒杯都是冰塊，入場費(加一杯雞尾酒)DKK150，供保暖衣。

圖片提供 / www.absoluteicebarcopenhagen.com

圖片提供 / www.absoluteicebarcopenhagen.com

📧 Longangstræde 27　📞 70 27 56 27
➡ 自市政廳廣場步行約3分鐘　🕐 週一～二17:00～00:00；週三～六17:00～01:00；週日14:00～22:00
http www.absoluticebarcopenhagen.com　📷 S19　🏠 B42　🍴 T25

圖片提供 / Cees van Roeden

Copenhagen

# D o   I t   –   C o p e n h a g e n

無庸置疑，北歐的夏天是美好的，日照時間長，且少有難熬的酷熱。在夏天造訪哥本哈根的遊客似乎也可以體驗更多：7月有兩個世界知名的音樂節，一個搖滾流行，一個爵士；6～8月間可以到港邊的露天游泳池戲水，不用擔心水質不乾淨。

丹麥人是熱衷運動的一群。足球是大熱門，就算不踢球，也許有人有興趣到Parken球場看場比賽。哥本哈根親水的地理位置得天獨厚，不少人從事划船、獨木舟、風帆等水上活動。哥本哈根的自行車專用道設施健全，許多人每天上下班騎個十來公里通勤，運動量也很可觀。5～10月間，市中心有免費的自行車供人使用，逍遙遊城。

天氣大好，卻不想流汗操勞？那麼不妨入境隨俗，學當地人拎一手冰涼的啤酒，在公園綠地找個角落坐下，舒舒服服地曬太陽吧！

圖片提供 / Cees van Roeden

# 親水哥本哈根

哥本哈根地理位置濱海，市中心內有海港、運河、湖泊等水域，各式親水的活動不少。

## 運河之旅

搭乘運河船遊覽哥本哈根，行經城堡、教堂、小美人魚、歌劇院等景點，船上有導遊英語解說。船程約1小時，由新港區(Nyhavn)或舊灘區(Gammel Strand)出發，中途不停靠。3月底行駛至12月。全票DKK60，兒童DKK25。

DFDS於5月底至9月初亦提供水上巴士服務，船程75分鐘，單程票DKK35，一日票DKK50。

http www.canaltours.com

圖片提供 / Cees van Roeden

## 港灣戲水

多年改善水質的努力如今展現成果，哥本哈根的港邊有兩個露天游泳池，池水與海港相通。6～8月間開放。

### Islands Brygge

位於Langebro橋南方115公尺，共5個池、成人池、兒童池、跳水池。可容納近600人。➡ 搭地鐵M1、M2至Islands Brygge站，步行5分鐘至港邊

### Copencabana

位於Havneholmen，緊鄰Fisketorvet購物中心。共有3個不同的池，此外還有人造沙灘。➡ 搭乘30號公車或S-火車至Dybbølsbro站

## 皮艇划船

Copenhagen Adventure Tours提供皮艇(kayak)划船服務，遊覽運河及港灣。皮艇穩定不易沉，可乘一或兩人。價格含指導員、飲品、救生衣等，船程1.5～3小時，價格DKK195～295。

✉ Christianshavn運河，Strandgade 50 (起始點)

☎ 40 50 40 06

http www.kajakole.dk

圖片提供 / Christian Alsing

圖片提供 / www.kajakole.dk

# 自行車遊城

哥本哈根有免費的「城市自行車」供人使用

在哥本哈根你很難不注意到自行車，路上踩著的、路邊停著的腳踏車車陣中，常見男的西裝筆挺、女的裙裝飄逸，尤其在上下班頭峰時間，車道上一台緊接著一台，饒有秩序。

據統計，哥本哈根有36%的居民騎自行車通勤，這樣的成績非一蹴可幾，自1960年代起，市政府便規劃陸續減少汽車的用路面積，以增加自行車道及行人步行的空間。如今三者和平共處，不顯侷促。

所以到了哥本哈根何妨入境隨俗，找台鐵馬來騎？哥本哈根有免費的「城市自行車」供人使用，共計2000台、110個取還車點，只需插入一枚DKK20的硬幣即可取車，還車時退幣。必須注意的是，城市自行車僅限市中內一定的範圍騎程，但這個範圍已經涵蓋大部分的精華景點了。

嫌城市自行車騎程範圍太小或不夠舒適的話，花點錢租車也行，許多飯店就有提供租車服務。要牽車上地鐵或S-火車，幫自行車買張票即可，票價DKK10。

不想自己騎車，人力三輪車是另一個遊城好選擇。可於Amagertorv、新港區、提佛利樂園、市政廳廣場搭乘，或招攬路上的空車。每台可坐兩個成人，按時計價，上車起價DKK40，此後每分鐘DKK4。定時定點預約搭乘，加價DKK100，聯絡電話：35 43 01 22。

**相關網站**

城市自行車 🔵http www.bycyklen.dk
人力三輪車 🔵http www.rickshaw.dk

**哪裡租車**

### Københavns cykler
✉ Reventlowsgade 11(火車站12號月台旁)
📞 33 33 86 13
🔵http www.rentabike.dk
💲 租金1日DKK75，押金DKK500

### Københavns Cykelbørs
✉ Gothersgade 157
📞 33 14 07 17
🔵http www.cykelboersen.dk
💲 租金1日DKK60，押金DKK200

**注意事項**

### 哥本哈根的自行車交通規則

1. 遵守號誌，尊重行人。人行道、行人徒步區、及公園等地不能騎車，穿越斑馬線時下車牽車。
2. 轉彎時打手勢。右轉舉右手，左轉伸左手，煞車或停車時也舉起手掌示意。
3. 靠右行駛。左轉時先騎至右方路口待轉。

體驗

# 羅斯基德音樂節 Roskilde Festival

約為6月底、7月初，為期8天

　　羅斯基德是位於哥本哈根西方35公里的一個歷史古城，P.90有相關介紹。羅斯基德音樂節是北歐最大的音樂盛事，類型以流行搖滾為主，主辦單位為獨立且非營利的組織。1971年開始舉辦，近年來每年皆有10萬左右的參加人次。

　　音樂節於6月底或7月初舉行，主要演出從週四～週日接連4天，外加之前4天的暖場期，活動總計8天。2007年度有6個舞臺及近160場的演出，冰島的碧玉(Bjork)和美國的嗆辣紅椒(Red Hot Chili Peppers)都在嘉賓之列。

圖片提供 / www.roskilde-festival.dk

　　特別的是，音樂節的門票僅以「一票到底」的形式出售，沒有單日或單場的票券(除最後一天週日以外)。票價包含8天內所有演出及活動、停車、露營場地等。主辦單位這麼做的用意是希望遊客能有豐富的節慶體驗，而非只是來看單場的表演。

圖片提供 / www.roskilde-festival.dk

 如何參與

節慶門票DKK1,475，可至www.billetnet.dk網站預購。週日票DKK650，僅限當天於現場發售(以上為2007價格，票價每年變動)。

 相關網站

http www.roskilde-festival.dk

圖片提供 / www.roskilde-festival.dk

# 哥本哈根爵士節 Jazz Festival

### 7月的第一個週五起，為期10天

有什麼還能比在炎炎夏日隨著爵士的樂音搖擺更讓人感到愜意呢？

哥本哈根爵士節自1979年舉辦至今，每年7月的第一個週五起，長達10天。活動期間，整個哥本哈根地區有數百場的音樂活動，地點舉凡公園、廣場、咖啡館及其它大小表演場所都有，許多露天表演甚至免費。

1960年代曾有不少重量級的美國樂手在哥本哈根登台表演，其中如Ben Webster、Stan Getz、Dexter Gordon等人更在哥城住過一段時間，帶動了這裡的爵士風氣。哥本哈根爵士節的表演者國際與本地都有，名單中不乏樂界知名人士。

「街頭遊行」是爵士節的一大傳統，具紐奧良風味的團體將沿著大街小巷不同的路線表演。小朋友們也沒被冷落，國王花園(Kongens Have)有兒童爵士樂團，那裡的音樂從上午就開始。

圖片提供 / www.jazzfestival.dk

 **如何參與** 哥本哈根爵士音樂節活動官方網站提供各表演場次及購票資料，可事先參考、選擇自己想參加的活動。

 **相關網站** http www.jazzfestival.dk

圖片提供 / www.jazzfestival.dk

2007年度爵士節活動海報

郊區

## Out of Town

# Copenhagen

**Out of Town**

出了哥本哈根，北西蘭島值得一遊的景點實在不少，歷史古城、現代美術館、還有幾個規模可觀的皇宮城堡。喜歡接近自然的人，這一帶的景觀也多了寧靜的鄉村氣息。便利密集的大眾運輸網，讓行程安排起來輕鬆愉快。

**丹麥古城** 位在哥本哈根西方的維京古都羅斯基德(Roskilde)，是丹麥最古老的城市之一。
北西蘭島其他的景點中，希勒洛德(Hillerød)的菲德列克堡城堡、赫爾辛格(Helsingør)的克倫堡城堡及洪勒貝克(Humlebæk)的路易西安那美術館，可以算是三大精華。

**松德大橋** 南瑞典的斯康納省(Skåne)在歷史上曾是丹麥國土的一部分。自從連接哥本哈根及瑞典第三大城馬爾摩的松德海峽大橋開通之後，區域的發展活絡了，對遊客而言，「一個目的地，兩個國家」想必也頗具吸引力。

**MAP 14 郊區景點地圖**

# 羅斯基德 Roskilde

### 位於哥本哈根的西邊約35公里

地理位置濱臨峽灣，1000多年前這裡是維京人的商務集散地(註：斯堪地納維亞地區的維京人活躍於西元9～11世紀中葉，有人視之為凶猛的海盜，但他們其實是航海及貿易的佼佼者)。日後城市規模逐漸形成，中古世紀丹麥曾經定都於此，同時也是當時的宗教中心。除了下列兩個重量級景點之外，每年一度的音樂節亦屬盛事一樁，詳情見P.87。

距哥本哈根僅35公里之遙，兩城之間火車班次頻繁。出了車站，主要景點皆在步行可及的範圍內。市中心有徒步區，購物及飲食不成問題。

郊區

## MAP 15 羅斯基德地圖

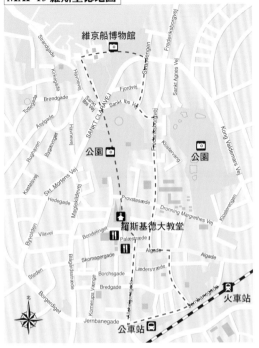

- - - - 建議參觀路線　　　　徒步區

### 前往方式
自中央車站搭火車約25分鐘可達羅斯基德，班次密集。

# 維京船博物館
**Vikingskibsmuseet**

位在羅斯基德峽灣畔，館中展示了5艘11世紀維京古船的考古遺跡，有介紹影片放映值得一看，5～9月則有導覽。
旺季期間，博物館島可參觀船的修繕工事，或搭乘帆船出港體驗維京海上生活。

**DATA** ✉ Vindeboder 12　☎ 46 30 02 00　➡ 從羅斯基德火車站搭乘216或607號公車　🕐 10:00～17:00　💲 5～9月成人DKK90／學生DKK80；10～4月成人DKK55／學生DKK45　http www.vikingskibsmuseet.dk

# 羅斯基德大教堂
**Roskilde Domkirke**

這座歷史悠久的教堂在UNESCO的世界遺產之列，由哥本哈根的建城者阿布薩隆主教於1170年代開始興建，展現了丹麥800年來的建築風格。這裡也是丹麥王室的墓地，共有39位歷代國王與王后安葬於此。建於1554年的管風琴，雕工精美，夏季6～8月週四晚間8點有免費的音樂會。

**DATA** ✉ Domkirkepladsen　☎ 46 31 65 65　➡ 從羅斯基德火車站步行約8分鐘　🕐 4～9月週一～六09:00～17:00，週日及假日12:30～17:00；10～3月週二～六10:00～16:00，週日及假日12:30～16:00　休 10～3月週一　💲 成人DKK25／兒童DKK15　http www.roskildedomkirke.dk

# 北西蘭島 Nord Sjælland

位於哥本哈根的北邊

下列3個景點可以說是北西蘭島的精華所在，一天之內有可能全部參觀完，但是會很趕，時間足夠的人不妨分兩天遊覽。交通方面，除了通往哥本哈根的火車之外，希勒洛德(Hillerød)和赫爾辛格(Helsingør)之間也有火車相連，從Helsingør坐火車往南到洪勒貝克(Humlebæk)只要幾分鐘。參觀完各城堡與博物館，赫爾辛格的市中心也可以一逛，在Stengade徒步街吃個午餐，或到Brostræde吃幾球鮮奶冰淇淋；從港口可以乘渡輪到對岸瑞典的赫爾辛堡。

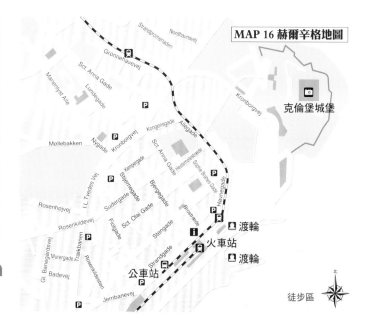

MAP 16 赫爾辛格地圖

**前往方式**

暢遊北西蘭島，可搭乘S-火車或火車濱海線。

# 克倫堡城堡 Kronborg Slot

這裡正好是松德海峽最狹窄之處，對岸望過去就是瑞典，濱海的堡壘建於15世紀末，目的在徵收海峽的通行費。城堡本身由菲德列克2世興建，1585年完工之際是當時北歐最大的城堡，英國文豪莎士比亞亦有耳聞，將之編入《哈姆雷特》的背景中。如今克倫堡名列UNESCO世界遺產。城堡內部值得參觀，丹麥海事博物館也在這裡。

**DATA** ✉Kronborg Slot, Helsingør ☎ 49 21 30 78 ➡搭乘S-火車至Hillerød站，沿海邊步行約15分鐘 ⏰5～9月10:30～17:00；10、4月週二～日11:00～16:00；11～3月週二～日11:00～15:00 💲城堡加教堂全票DKK60，兒童DKK15／海事博物館全票DKK50，兒童免費／城堡、教堂與海事博物館全票DKK85，兒童DKK15 http www.kronborg.dk

郊區

# 路易西安那現代美術館
## Louisiana Museum of Modern Art, Humlebæk

於1958年成立,美術館位在松德海峽畔的一塊綠地上,集合
了現代藝術、建築和景觀於一身。這裡展出國際名家如傑克梅
底、亨利摩爾、畢卡索、安迪沃荷等人的作品,此外每年也舉
辦6～8個大型特展,大師和新秀都有。

**DATA** ✉ Gl. Strandvej 13, Humlebæk  📞 49 19 07 19  ➡ 搭乘火車至Hum-
lebæk站,沿指標步行10分鐘  🕐 10:00～17:00(週三10:00～22:00)
💲 全票DKK90 / 學生DKK80 / 18歲以下免費  http www.louisiana.dk

# 菲德列克堡城堡 Frederiksborg Slot, Hillerød

城堡位在人工湖的3個小島上,周邊景色優美。克利斯提安四
世在此出生並將之擴建,建築有荷蘭文藝復興風格。城堡內部
自1882年起便是丹麥國家歷史博物館,館藏豐富,有興趣的
人可以租借錄音導覽。華麗的教堂和騎士廳值得參觀。

**DATA** ✉ Frederiksborg Slot, Hillerød  📞 48 26 04 39  ➡ 搭乘S-火車至
Hillerød站,換搭701或702公車至Klostervej站  🕐 4～10月10:00～
17:00;11～3月11:00～15:00  💲 全票DKK60 / 優待票DKK50 / 兒童
DKK15  http www.frederiksborgslot.dk

# 南瑞典 Skåne

位於哥本哈根的東邊

丹麥與瑞典在歷史上紛爭不斷，南瑞典的斯康納省(Skåne)長達數百年屬於丹麥國土的一部分，直到1710年。2000年松德海峽大橋通車後，海峽兩岸的厄勒松地區(Øresund)開始密切地合作發展，觀光方面也打出「一個目的地，兩個國家」吸引遊客。

跨國交通有哥本哈根與馬爾摩之間的火車，以及赫爾辛格與赫爾辛堡之間的渡輪兩種選擇。憑Øresund rundt周遊票可於兩日內環繞厄勒松一圈，於範圍內免費搭乘火車及渡輪，部分景點還有門票優惠。票價DKK199，於哥本哈根機場及中央車站有售。

http 厄勒松地區觀光資訊 www.visitoresund.info

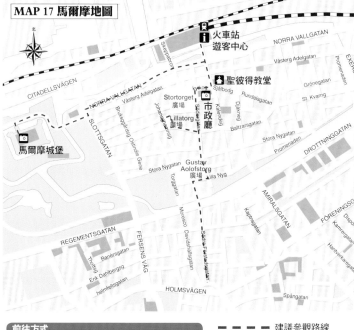

**MAP 17 馬爾摩地圖**

火車站
遊客中心

聖彼得教堂

Stortorget 廣場
市政廳
Lillatorg 廣場
馬爾摩城堡
Gustav Aolofstorg 廣場

**前往方式**

搭乘往瑞典的跨國火車30分鐘可達

- - - 建議參觀路線
徒步區

# 馬爾摩 Malmö

瑞典的第三大城，人口約27萬。走出火車站之後可以輕鬆地在市中心徒步閒逛，Lilla Torg有不少露天咖啡座可供休憩用餐。

# 隆德 Lund

瑞典知名的大學城，雄偉的隆德大教堂於中世紀興建，隨後成為區域的宗教中心。

# 赫爾辛堡 Helsinborg

這裡距丹麥只有4公里之遙，自赫爾辛格搭渡輪20分鐘可達，班次頻繁。

住宿
Hotel

# Copenhagen

# Hotel - Copenhagen

**星級分等**

HORESTA是丹麥旅館、餐飲暨旅遊業的全國性產業組織，哥本哈根大部分的旅館都有加入HORESTA分級制，最高等級五顆星，門口有掛牌標示。此制度區分的是該旅館是否具有某些設備及服務，主觀因素如氣氛、服務品質、及景觀等則不在此列。

**設計旅館**

「設計旅館」的概念近年來在哥本哈根十分風行，從五星級飯店到青年旅館，都可以體驗到丹麥特有的設計品味。有的走經典路線，有的新潮前衛。喜歡北歐設計的人，選擇住宿時不妨作個參考。

**旺季折扣**

價格方面，夏天是旅遊旺季，住宿的價位一般會調漲。而主打商務客層的飯店則常在週末或夏季有折扣。旅館的報價一般已含稅金及服務費，是否含早餐，訂房時可以稍作確認。

**平價住宿**

除了飯店以外，哥本哈根亦有青年旅館、民宿、露營區及出租公寓等多樣的住宿型式供遊客選擇，旅遊局的官方網站即可查詢及預訂。

哥本哈根有4家青年旅館，兩家在市中心，兩家在市郊。住宿時應出示國際青年旅館卡，否則會加價。床單或浴巾可自備，或於櫃台租用。

民宿(Bed & Breakfast)是經濟型住宿的另一選擇，遊客也可藉此接近丹麥人的家居生活，雙人房的價位一般在DKK500以內。

**網路訂房**

## 連鎖商務飯店

下列是北歐知名的商務飯店連鎖品牌，除了哥本哈根以外，斯堪地納維亞地區其他主要城市也有分館。

**Radisson SAS**
http www.radisson.com

**Scandic**
http www.scandic-hotels.com

**Choice Hotel Scandinavia**
旗下包含Clarion、Comfort和Quality三個飯店品牌
http www.choicehotels.dk

## 哥本哈根旅遊局

哥本哈根旅遊局的網站上即有方便的訂房服務，涵蓋大哥本哈根地區及北西蘭島。進入網站頁面後，點擊「Online Hotel Booking」項目。訂房、修改、取消等動作完全免費，住宿時於旅館付房價即可，不收保證金，但須留信用卡資料。

http www.visitcopenhagen.com

## 平價住宿

**丹麥青年旅館**
http www.danhostel.dk

**民宿**
http www.bedandbreakfast.dk

住宿

## H1

MAP 05 / G10 (內城區)

# Hotel D'Angleterre

高級飯店 / ★★★★★

國王新廣場上的白色建築，250年歷史，兼具典雅與傳統的奢華，名流的最愛。

**DATA**
- ✉ Kongens Nytorv 34　📞 33 12 00 95　FAX 33 12 11 18
- ➡ 搭地鐵M1、M2或公車至Kongens Nytorv站　💲 單人房 DKK2340 / 雙人房DKK2680起　http www.dangleterre.dk
- 📷 S9　🛏 B13、B20　🍴 T7

## H2

MAP 05 / H7 (內城區)

# Radisson SAS Royal Hotel

高級飯店 / ★★★★★

城市的地標之一，從建築本身到大廳的椅子，都是大師Arne Jacobsen的設計。

圖片提供 / Kim Ahm　　圖片提供 / Kim Ahm

**DATA**
- ✉ Hammerichsgade 1　📞 38 15 65 00　FAX 33 42 63 00
- ➡ 自中央車站步行2分鐘　💲 DKK2199
- http www.royal.copenhagen.radissonsas.com
- 📷 S19　🍴 T25

## H3

MAP 05 / G8 (內城區)

# Hotel Skt Petri

高級飯店 / ★★★★★

位在拉丁區內的高級設計飯店，有極簡的精緻，房型依大小區分。

**DATA**
- ✉ Krystalgade 22　📞 33 45 91 00　FAX 33 45 91 10
- ➡ 搭地鐵M1、M2或公車至Nørreport站　💲 單人房 DKK1595 / 雙人房DKK1995起　http www.sktpetri.com
- 📷 S12、S13　🛏 B32　🍴 T22

## H4

(機場旁)

# Hilton Copenhagen Airport Hotel

高級飯店 / ★★★★★

位在機場第3航站旁，會議設施完善，前往市中心需15分鐘車程。

**DATA**
- ✉ Ellehammersvej 20, Kastrup　📞 32 50 15 01
- FAX 32 52 85 28　➡ 機場第3航站對面　💲 DKK2395
- http www.hilton.dk

## H5

MAP 05 / G11 (內城區)

# 71 Nyhavn Hotel

高級飯店 / ★★★★

位在迷人的新港區兩棟舊時倉庫內，裝潢雅緻溫馨。

**DATA**
- ✉ Nyhavn 71　📞 33 43 62 00　FAX 33 43 62 01
- ➡ 搭29號公車自Nyhavn站，或海港巴士901、902至Nyhavn站
- 💲 單人房DKK1695 / 雙人房DKK1995起
- http www.71ny.havnhotel.dk

## H6 MAP 04 / F10 (內城區)

# Copenhagen Admiral Hotel

高級飯店 / ★★★★

位在水岸旁，建築是有2百多年歷史的舊倉庫，1978年開幕，饒有氣氛。

圖片提供 / Cees van Roeden　　　　圖片提供 / Cees van Roeden

**D A T A**
- ✉ Toldbodgade 24-28　📞 33 74 14 14　📠 33 74 14 16
- ➡ 搭29號公車自終站Kvæsthusbroen
- 💲 單人房DKK1260 / 雙人房DKK1590起
- http www.admiralhotel.dk　S1　B6、B7

## H7 MAP 05 / H8 (內城區)

# The Square

中價飯店 / ★★★

市政廳廣場旁的設計風飯店，線條簡單高雅，有多種房型等級。

**D A T A**
- ✉ Rådhuspladsen 14　📞 33 38 12 00　📠 33 38 12 01
- ➡ 位於市政廳廣場旁
- 💲 單人房DKK1590 / 雙人房DKK1890起
- http www.thesquare.dk　S19　B42

## H8 MAP 05 / G8 (內城區)

# Hotel Fox

中價飯店 / ★★★

新潮前衛的設計飯店，每間房間都有不一樣的主題，網站上有照片。

**D A T A**
- ✉ Jarmers Plads 3　📞 33 13 30 00　📠 33 14 30 33
- ➡ 自市政廳廣場步行約300公尺　💲 DKK945起
- http www.hotelfox.dk　B33、B34　T20

## H9 MAP 05 / H8 (內城區)

# Hotel Alexandra

中價飯店 / ★★★

百年歷史，飯店內部是丹麥的經典設計，有「綠鑰匙」環保標章。

**D A T A**
- ✉ H.C. Andersens Boulevard 8　📞 33 74 44 44
- 📠 33 74 44 88　➡ 自市政廳廣場步行約150公尺
- 💲 單人房DKK1425 / 雙人房DKK1625起
- http www.hotel-alexan dra.dk　T25

## H10 MAP 06 / I5 (西橋區)

# Carlton Hotel Guldsmeden

中價飯店 / ★★★★

房間裝潢走法式殖民地風格，有豐盛的有機早餐吧。

**D A T A**
- ✉ Vesterbrogade 66　📞 33 22 15 00　📠 33 22 15 55
- ➡ 搭6A或26號公車至Vesterbros Torv站
- 💲 單人房DKK 1295 / 雙人房DKK1595起
- http www.hotelguldsmeden.dk　T37

住宿

## H11
MAP 05 / H9 (內城區)

# Hotel Twentyseven

中價飯店 / ★★★

2007年重新開幕，有簡單俐落的北歐風格，鎖定商務客層，冰吧是一大特色。

**D A T A**
- ✉ Løngangstræde 27 ☎ 70 27 56 27 FAX 70 27 96 27
- ➡ 自市政廳廣場步行約300公尺
- 💲 單人房DKK1100 / 雙人房DKK1375
- http www.hotel27.dk 📷 S18 🏠 B41

## H12
MAP 05 / F8 (內城區)

# Ibsens Hotel

中價飯店 / ★★★

鄰近Nørreport車站，區域舒適便捷，有3種房型可選。

**D A T A**
- ✉ Vendersgade 23 ☎ 33 13 19 13 FAX 33 13 19 16
- ➡ 搭地鐵M1、M2或公車自Nørreport站，步行250公尺
- 💲 單人房DKK1085 / 雙人房DKK1270
- http www.ibsens hotel.dk

## H13
MAP 06 / I6 (西橋區)

# Hotel Selandia

平價旅館 / ★★

位於車站後方的旅館區，經濟房型的衛浴在走廊，另有標準及高級房型。

**D A T A**
- ✉ Helgolandsgade 12 ☎ 33 31 46 10 FAX 33 31 46 09
- ➡ 中央車站後方步行150公尺
- 💲 單人房DKK635 / 雙人房DKK765
- http www.hotel-selandia.dk 🍴 T24、T27

## H14
MAP 06 / I6 (西橋區)

# Absalon Annex

平價旅館 / ★

三星旅館Absalon Hotel的經濟房型，與之共用出入口及櫃台，衛浴在走廊。

**D A T A**
- ✉ Helgolandsgade 15 ☎ 33 24 22 11 FAX 33 24 34 11
- ➡ 中央車站後方步行150公尺
- 💲 網路價單人房DKK465 / 雙人房DKK590
- http www.absalonhotel.dk 🍴 T26、T27

## H15
MAP 05 / I8 (內城區)

# Cab Inn City

平價旅館 / ★★

鄰近提佛利樂園的連鎖經濟旅館，每間房均有衛浴，有1～3人房。

**D A T A**
- ✉ Mitchellsgade 14 ☎ 33 46 16 16 FAX 33 46 17 17
- ➡ 自中央車站步行約300公尺 💲 單人房DKK545 / 雙人房DKK665 http www.cab-inn.dk

## H16 〔MAP〕 05 / F8 (內城區)

# Hotel Jørgensen

平價旅館 / ★

鄰近Nørreport車站,這家經濟型旅館有單 / 雙人房、家庭房及通鋪床位。

**DATA**
- ✉ Rømersgade 11　☎ 33 13 81 86　FAX 33 15 51 05
- ➡ 搭地鐵M1、M2或公車自Nørreport站,步行200公尺
- 💲 單人房DKK525 / 雙人房DKK625
- http www.hoteljoerge nsen.dk

## H18 〔MAP〕 05 / H9 (內城區)

# Danhostel Copenhagen Downtown 青年旅館 / ★★★

**DATA**
- ✉ Vandkunsten 5　☎ 70 23 21 10　➡ 市政廳廣場步行約400公尺　💲 旺季通鋪每人DKK165,雙人房DKK499起
- http www.copenhagendowntown.com
- 📷 S16　🚌 B38、B40　🍴 T22

## H19 (郊區)

# Danhostel Copenhagen Amager 青年旅館 / ★★★

**DATA**
- ✉ Vejlandsallé 200, Copenhagen S　☎ 32 52 29 08
- FAX 32 52 27 08　➡ 搭公車30號至Bella Center Vest站,或地鐵M1至Bella Center站　💲 通鋪每人DKK130,雙人房DKK380起　http www.danhostel.dk

## H17 〔MAP〕 05 / I9 (內城區)

# Danhostel Copenhagen City 青年旅館 / ★★★★★

2005年開幕,除了市中心的地理位置外,也標榜「設計」,有世界知名的GUBI家具。每間房都附有衛浴。

圖片提供 / Miklos Szabo

**DATA**
- ✉ H.C. Andersens Boulevard 50
- ☎ 33 18 83 32、33 11 85 85　FAX 33 11 85 88
- ➡ 自中央車站步行約15分鐘,市政廳廣場7分鐘
- 💲 依淡旺季通鋪每人DKK130~185,有單 / 雙 / 四人房
- http www.danhostel.dk

## H20 (郊區)

# Danhostel Copenhagen Bellahøj 青年旅館 / ★★★

**DATA**
- ✉ Herbergvejen 8, Brønshøj
- ☎ 38 28 97 15　FAX 38 89 02 10
- ➡ 搭公車2A至Fuglsang Allé站
- 💲 通鋪每人DKK180含早餐,單雙人房另加價
- http www.youth-hostel.dk

基本資訊

Information

Copenhagen

# 實用網站

**丹麥官方網站**
http www.denmark.dk

**哥本哈根旅遊局**
http www.visitcopenhagen.com

**丹麥青年旅館**
http www.danhostel.dk

**丹麥國鐵**
http www.dsb.dk

**交通資訊網**
http www.rejseplanen.dk

**租車服務**
http www.avis.dk、www.budget.dk

**哥本哈根生活網**
http www.aok.dk

**Copenhagen This Week月刊**
http www.ctw.dk

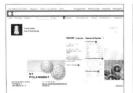

**匯率**
http www.nationalbanken.dk

**氣象局**
http www.dmi.dk

# 觀光資訊

### 哥本哈根卡 CPHCARD

持卡可免費參觀大哥本哈根區域內60家博物館和景點，免費搭乘哥本哈根及北西蘭島的火車、公車、

地鐵等大眾運輸，租車及一些其他景點也享有折扣。效期分24小時(成人DKK199／兒童DKK129)和72小時(成人DKK429／DKK249)兩種，在遊客中心、機場、火車站、旅館等地有售，也可以在網上預購。
http www.copenhagencard.com

### 觀光巴士

**City Sightseeing**
http www.citysightseeing.dk

**Excursions**
http www.cex.dk

### 觀光遊船

**DFDS Canal Tours**
http www.canaltours.com

**Netto-Bådene**
http www.havnerundfart.dk

### 體驗丹麥人居家生活

**Meet the Danes**
http www.meetthedanes.dk
📞 23 28 43 47

## 徒步導覽

**Excursions**
http www.cex.dk

**History Tours**
http www.copenhagenhistorytours.dk

**Walking Tours**
http www.copenhagen-walking tours.dk

## 關於機場

### 機場

哥本哈根國際機場位在市中心東南方阿瑪島(Amager)的卡斯楚(Kastrup)，機場代號CPH，是北歐空中交通的主要樞紐，有132條國內外航線。北歐航空(SAS)是這裡的主要航空公司，為星空聯盟成員。

機場的入境動線標示很清楚，旅客不必擔心。來自申根國家的旅客不需證照檢查，申根以外地區入境才需辦理入關手續，證照檢查點在C翼與大廳連接處及A翼南端。入關後提領行李，無須申報物品的旅客可直接自出口進入第3航站大廳。

國際航班從第2或第3航站出境，第1航站為國內線。

## 機場至市區交通

火車是機場聯外最方便的交通工具，第2月台的列車西行至哥本哈根市中心及丹麥各地，第1月台的列車東行至瑞典的馬爾摩及一些其他城市。到哥本哈根中央車站僅需15分鐘，車票於丹麥國鐵(DSB)櫃台或自動購票機有售，火車上不售票。

2007年秋季起地鐵M2線通車至機場，使往返市中心的交通更便捷，15分鐘就到市中心Kongens Nytorv站。第2航站外有12、30、96N、250S等公車路線行駛至市中心，但時間比火車地鐵慢很多，公車上有售票。

搭火車、地鐵或公車至市中心跨3個票區，票價皆為DKK28.5。此外，第1及第3航站外有計程車招呼站。

### 國際機場內各航空公司櫃台

北歐航空(第3航站)：70 10 20 00
新加坡航空(第3航站)：33 14 34 56
泰國航空(第3航站)：32 52 12 25
德國航空(第3航站)：70 10 03 33
荷蘭航空(第2航站)：70 10 07 47
法國航空(第2航站)：82 33 27 01
英國航空(第2航站)：70 12 80 22

**哥本哈根國際機場**：www.cph.dk

圖片提供 / Morten Bjamhof

地鐵站
Metrostation

火車站 Togstation

Check-in 38-21

Check-in 1-8

抵達
Ankomster

← Til bagage
提領行李

Security

提領行李
↙ Til bagage

Gates C2-C9

Gates C10

Gates D1-D6 **D**

Gates D101-D103

Check-in 155-93

Security

← Til bagage
提領行李

**A** 第2航站

Gates A18-A23

Gates A2-A17

Gates B2-B19 **B**

第3航站

Gates C15-C40 **C**

# 市區交通

## 公車

十分密集的市內公車網絡。

http www.movia.dk

## 海港巴士

901及902兩線，行駛於黑鑽石大樓及Nordre Toldbod之間，中途停靠新港區及歌劇院等站。

http www.movia.dk

## 地鐵

M1及M2兩線，義大利的無人駕駛系統，2002年投入營運。2007年M2線延伸至機場。

http www.m.dk

## S-火車

穿越市中心駛至近郊，有多條路線。

http www.s-tog.dk

# 大眾運輸工具購票方式

在大哥本哈根地區，同一張車票可於有效的時間和票區內任意轉乘上述交通工具。車票於自動售票機或售票處有售，需多次搭乘者買10格聯票較為划算，聯票上車時或搭乘前須於打票機打上時間。

公車上可買零票，但不售聯票。購買一日票可於24小時、所有票區內無限制搭乘。參考票價（全票）：2票區DKK19，3票區DKK 28.5，一日票DKK110。

## 計程車

馬路上顯示的FRI(空車)的計程車即可招乘，亦可於招呼站搭車或電話叫車。司機會應要求提供收據，大部分的計程車收信用卡。

Københavns Taxa：35 35 35 35
Hovedstadens Taxi：38 77 77 77

# 實用資訊

## 時差

丹麥是中歐時區(CET)，比格林威治標準時間(GMT)快1個小時，比台灣慢7個小時。從3月最後一個週日到10月最後一個週日為日光節約時間，調快1個小時，只比台灣慢6個小時。

## 用電

丹麥與其他歐陸國家一樣，供電電壓為220V，頻率50Hz，使用兩圓腳插座。從台灣來的旅客須視電器需要準備轉接插頭及變壓器。

## 度量衡

丹麥使用公制單位。數字小數點用逗號表示(如5,25)，千位以點隔開(如1.500)。

## 氣候

哥本哈根的氣候四季分明，氣溫變化大，尤其是在冬季。7月是最溫暖的月份，但平均溫度也不過20出頭；2月平均溫度最低，一般在0℃以下。所以就算是在夏天造訪也必須準備幾件防風保暖的衣物，冬天厚重的毛衣和外套、以及手套圍巾等禦寒物品不可少。

**每月平均溫度表(℃)**

|  | 1月 | 2月 | 3月 | 4月 | 5月 | 6月 | 7月 | 8月 | 9月 | 10月 | 11月 | 12月 |
|---|---|---|---|---|---|---|---|---|---|---|---|---|
| 最高 | 2 | 2 | 5 | 10 | 16 | 19 | 22 | 21 | 18 | 12 | 7 | 4 |
| 最低 | -2 | -3 | -1 | 3 | 8 | 11 | 14 | 14 | 11 | 7 | 3 | 1 |

## 國定假日

| 1月1日............................ | 新年 |
|---|---|
| 3～4月間.......................... | 復活節前週四到次日週一 |
| 5月間.............................. | 大祈禱日 |
|  | 耶穌升天日 |
|  | 聖靈降臨節次日週一 |
| 6月5日............................ | 行憲紀念日 |
| 12月24～26日................. | 聖誕節 |

**貨幣** (1克朗約等於新台幣6.4元)

丹麥的貨幣是丹麥克朗(krone)，縮寫成DKK或kr，一克朗合100歐勒(øre)。流通的硬幣幣值有25歐勒、50歐勒、1克朗、2克朗、5克朗、10克朗、和20克朗，紙幣面額則有50克朗、100克朗、200克朗、500克朗、和1000克朗。1歐元大約為7.5DKK，市中心有不少店家亦接受歐元。

## 信用卡

信用卡的使用相當普遍，最常見的是Visa，但其他主要信用卡如Mastercard及美國運通的接受率也高。使用信用卡有時必須出示含照片的證件。

## 匯兌

丹麥的銀行開放時間一般是從09:30～16:00，週四延長至17:30，週六、日不營業。除銀行以外市內也有不少匯兌處，其營業時間通常較長，週末也有營業。此外可用信用卡或國際金融卡於自動櫃員機(ATM)直接提領丹麥貨幣。

## 緊急醫療與救助

- **緊急聯絡電話：** 報警、救護車、消防車的緊急電話是112，於公共電話亭撥打112免費。

- **藥房：** 一般不收信用卡，家常藥品可於Matas連鎖藥妝店(P.57)購買。

  **Steno Apotek (24小時)**
  ✉ Vesterbrogade 6C (中央車站對面)
  ☎ 33 14 82 66

藥房的綠色「a」標誌

- **24小時急診醫院：**

  **Amager Hospital**
  ✉ Italiensvej 1　☎ 32 34 32 34

  **Bispebjerg Hospital**
  ✉ Bispebjerg Bakke 23　☎ 35 31 35 31

- **警察局：**

  **市警局**
  ✉ Halmtorvet 20
  ☎ 33 25 14 48

## 通訊

### 郵局

- 📧 郵政總局 Tietgensgade 25-39
- 📧 購物徒步區 Købmagergade 33
- 📧 中央車站內 (週日開放)

### 網咖

**Boomtown**
- 📧 Axeltorv 1-3
- 📞 33 32 10 32

**Faraos Cigarer**
- 📧 Skindergade 27
- 📞 33 32 22 11

### 打電話

- **國際電話：**丹麥的國碼是45，全國上下電話一律是8碼，沒有城市區碼。從丹麥打電話到國外須於該國國碼前加「00」。

- **投幣與電話卡：**公共電話分投幣式及卡式兩種，拿起話筒後投入硬幣或插入卡片即可撥號。國際電話一般需投DKK5～20硬幣，但電話不找零，所以不要一開始就投太多錢。公共電話卡有DKK30、50及100三種，郵局及書報攤有販售。

- **手機系統：**手機方面，丹麥加入了全球GSM系統，漫遊不是問題。主要的系統業者為TDC-mobil、Sonofon及Telia。

## 旅遊單位

### 辦簽證

丹麥及其他北歐國家於2001年加入申根組織，持申根簽證者即可入境。簽證及領事服務機構：

**丹麥商務辦事處**
- 📧 台北市敦化北路 205 號12樓1207室
- 📞 (02)2718-2101
- 🌐 www.dtoto.org.tw

**丹麥王國駐中國大使館**
- 📧 中國北京三里屯東五街1號
- 📞 +86 (10)8532-9900
- 🌐 www.ambbeijing.um.dk

### 遊客中心

**哥本哈根遊客中心 Copenhagen Right Now**
- 📧 Vesterbrogade 4A
- 📞 70 22 24 42
- 🕐 7～8月，週一～六09:00～20:00，週日10:00～18:00
  5～6月，9/1～9/23，週一～六09:00～18:00
  9/24～4月，週一～五09:00～16:00，週六09:00～14:00
- 休 週日、復活節及次日週一、12/25、12/26、12/31、1/1
- ℹ️ 這裡除了有豐富的旅遊資訊供遊客查詢及索取之外，也提供住宿訂房服務
- MAP 05 / H8

### 駐外單位

**駐丹麥臺北代表處**
- 📧 Amaliegade 3, 2F, 1256 Copenhagen K
- 📞 33 93 51 52，緊急聯絡電話 20 76 04 66
- 🌐 www.roc-taiwan.org/DK

**中國駐丹麥王國大使館**
- 📧 Øregårds Allé 25, 2900 Hellerup
- 📞 39 46 08 89
- 🌐 www.chinaembassy.dk

## 實用字彙

### 數字

| | | |
|---|---|---|
| 0 / nul | 5 / fem | 10 / ti |
| 1 / en | 6 / seks | 100 / hundrede |
| 2 / to | 7 / syv | 1000 / tusind |
| 3 / tre | 8 / otte | |
| 4 / fire | 9 / ni | |

### 日期

星期一 / mandag　　星期五 / fredag
星期二 / tirsdag　　星期六 / lørdag
星期三 / onsdag　　星期日 / søndag
星期四 / torsdag

### 日常會話

您說英語嗎？ / Taler De engelsk?
我聽不懂。/ Jeg forstår det ikke.
不好意思；借過 / Undskyld
廁所在哪裡？ / Hvor er toilettet?
是 / Ja　　　　　　不是 / Nej
早安 / God morgen　午安 / God dag
晚安 / God nat　　　再見 / Farvel
請 / Vær så venlig　謝謝 / Tak

### 標示

入口 / indgang　　　出口 / udgang
男(廁) / herrer　　　女(廁) / damer
營業中 / åben　　　休業中 / lukket
推 / skub　　　　　拉 / træk
禁止吸煙 / rygning forbudt　禁止進入 / ingen adgang

### 海關出入境

入境 / ankomst
出境 / afgang
這是我的護照 / Her er mit pas.
我將在此停留… / Jeg skal blive her…
幾天 / et par dage
一個星期 / en uge
我來此度假 / Jeg er her på ferie
差旅 / i forretninger.

### 銀行匯兌

您可以把這些換成丹麥克朗嗎？ / Kan De veksle det her til danske kroner?
匯率如何？ / Hvad er kursen?

### 用餐

請給我兩個人的位子 / Et bord til to, tak.
您想吃(喝)些什麼？ / Hvad ønsker De at spise(drikke)?
您推薦什麼？ / Hvad kan De anbefale?
我想要… / Jeg vil gerne have…
味道很不錯 / Det smagte dejligt.
我想買單 / Jeg vil gerne betale.
帳單 / regning

### 購物

這個多少錢？ / Hvad koster det?
我想買… / Jeg vil gerne købe…
太貴了 / Det er for dyrt.
減價中 / Udsalg
更衣間 / Prøverum

### 住宿

我想預訂… / Jeg vil gerne bestille...
單人房 / enkeltværelse
雙人房 / dobbeltværelse
雙人床 / dobbeltseng
兩張(單人)床 / to seng
浴室 / bad
淋浴 / brusebad
含早餐嗎？ / Er morgenmad inkluderet?

### 問路

…在哪裡？ / Hvor er…?
我怎麼去…？ / Hvordan kommer jeg til…?
走路去要多久？ / Hvor lang tid tager det til fods?
左 / venstre　　　右 / højre

### 娛樂

票 / billet　　　售票處 / billetkontor
(門票)售罄 / udsolgt
…星期天開放嗎？ / Er … åbent om søndagen?
什麼時候開始？ / Hvornår begynder det?

## 購物篇

| 原文 | 中文 | 地圖編號 | 地圖索引 | 書中代號 |
| --- | --- | --- | --- | --- |
| A.C. Perchs Thehandel | 茶葉 | 5 | G9 | B15 |
| Arnold Busck International Boghandel | 書店 | 5 | G9 | B18 |
| Artium | 設計商品 | 5 | H8 | B42 |
| Bang & Olufsen | 設計音響 | 5 | F10 | B13 |
| Bodum | 生活家居 | 5 | G10 | B20 |
| Bruuns Bazaar | 流行服飾 | 5 | G9 | B16 |
| Casalinga | 童裝、瓷器 | 5 | H9 | B38 |
| Danish Art & Christmas Shop | 聖誕飾品 | 5 | G9 | B35 |
| Dansk Design Center | 設計商品 | 5 | H9 | B41 |
| Dansk Håndværk | 設計精品 | 5 | G9 | B40 |
| Dansk Møbelkunst | 古董家具 | 4 | F10 | B7 |
| Designer Zoo | 設計商品 | 6 | I4 | B44 |
| Donn ya doll | 流行服飾 | 6 | I5 | B43 |
| Ecco | 鞋子、配件 | 5 | G10 | B22 |
| Galleri Jesper Packness | 生活家居 | 4 | E10 | B9 |
| Gammel Strand | 跳蚤市場 | 5 | G9 | B29 |
| Gammel Strands Øllager | 啤酒倉庫 | 5 | G9 | B30 |
| Georg Jensen | 銀器 | 5 | G9 | B1 |
| Georg Jensen Outlet | 暢貨中心 | 6 | G1 | B45 |
| H.C. Andersen Shop | 安徒生專賣店 | 5 | G10 | B24 |
| Hanne Gundelach | 生活家居 | 4 | F10 | B8 |
| House of Amber | 琥珀精品 | 4 | F10 | B12 |
| House of Design | 古董家具 | 4 | F10 | B5 |
| Hugin & Mugin | 童裝 | 5 | G9 | B39 |
| Illum | 百貨公司 | 5 | G10 | B23 |
| Illums Bolighus | 生活家居 | 5 | G9 | B3 |
| Jazz Kælderen | 音樂 | 5 | G9 | B19 |
| Jørgen L. Dalgaard | 生活家居 | 4 | F10 | B6 |
| København K | 二手服飾 | 5 | G8 | B34 |
| Magasin du Nord | 百貨公司 | 5 | G10 | B11 |
| Matas | 藥妝 | 5 | G9 | B28 |
| Montana Mobile | 生活家居 | 4 | F10 | B10 |
| Museums Kopi Smykker | 仿古飾品 | 5 | F10 | B14 |
| Nordisk Korthandel | 書店 | 5 | G8 | B33 |

| 原文 | 中文 | 地圖編號 | 地圖索引 | 書中代號 |
|---|---|---|---|---|
| L'Altro Antiristorante | 餐廳 | 5 | I11 | T28 |
| Mormors | 果汁、三明治 | 4 | F10 | T30 |
| MR Restaurant | 餐廳 | 5 | F9 | T21 |
| Noma | 餐廳 | 5 | G12 | T1 |
| Nyhavns Færgekro | 餐廳 | 4 | G10 | T6 |
| Peder Oxe | 餐廳 | 5 | G9 | T19 |
| Restaurant Gammel Strand | 餐廳 | 5 | G9 | T9 |
| Restaurant Viva | 餐廳 | 5 | I10 | T29 |
| RizRaz | 餐廳 | 5 | G9 | T22 |
| Robert's Coffee | 咖啡館 | 5 | G8 | T34 |
| Slotskælderen hos Gitte Kik | 餐廳 | 5 | G10 | T10 |
| Søren K | 餐廳 | 5 | H10 | T12 |
| Sunset Boulevard | 速食 | 5 | G9 | T17 |
| Thai Esan | 泰式料理 | 6 | I6 | T27 |
| The Royal Café | 咖啡館 | 5 | G9 | T31 |
| Traktørstet på Rosenborg | 餐廳 | 4 | E8 | T4 |
| Trianon | 咖啡館 | 5 | G9 | T33 |

## 住宿篇

| 原文 | 中文 | 地圖編號 | 地圖索引 | 書中代號 |
|---|---|---|---|---|
| 71 Nyhavn Hotel | 高級飯店 | 5 | G11 | H5 |
| Absalon Annex | 平價旅館 | 6 | I6 | H14 |
| Cab Inn City | 平價旅館 | 5 | I8 | H15 |
| Carlton Hotel Guldsmeden | 中價飯店 | 6 | I5 | H10 |
| Copenhagen Admiral Hotel | 高級飯店 | 4 | F10 | H6 |
| Danhostel Copenhagen Amager | 青年旅館 | | | H19 |
| Danhostel Copenhagen Bellahøj | 青年旅館 | | | H20 |
| Danhostel Copenhagen City | 青年旅館 | 5 | I9 | H17 |
| Danhostel Copenhagen Downtown | 青年旅館 | 5 | H9 | H18 |
| Hilton Copenhagen Airport Hotel | 高級飯店 | | | H4 |
| Hotel Alexandra | 中價飯店 | 5 | H8 | H9 |
| Hotel D'Angleterre | 高級飯店 | 5 | G10 | H1 |
| Hotel Fox | 中價飯店 | 5 | G8 | H8 |
| Hotel Jørgensen | 平價旅館 | 5 | F8 | H16 |
| Hotel Selandia | 平價旅館 | 6 | I6 | H13 |
| Hotel Skt Petri | 高級飯店 | 5 | G8 | H3 |

# 個人重要聯絡卡

姓名 name：
_____

年齡 age：
_____

血型 blood type：
_____

藥物過敏 medicine that causes allergy：
_____

宿疾 existing physical problem：
_____

護照號碼 passport No.：
_____

信用卡號碼：
_____

海外掛失電話：
_____

旅行支票號碼：
_____

海外掛失電話：
_____

緊急連絡人 emergency contact(1)：
_____

聯絡電話 tel：
_____

緊急連絡人 emergency contact(2)：
_____

聯絡電話 tel：
_____

台灣地址 Taiwan add：
_____

旅館名稱 hotel：
_____

旅館地址 add：
_____

旅館電話 tel：
_____

航空公司訂位電話：
_____

保險公司電話 insurance company tel：
_____

行李箱密碼：
_____

# 行李檢查表

| 打勾 | 物　品 | 補充說明 |
|:---:|:---|:---|
| ✓ | 護照 | 請確認有效期限,最少2個月。 |
| | 簽證 | 核對生效與截止日期,觀光還是商務,如果要順便去別的國家,記得另外辦簽證。 |
| | 機票 | 往返時間要核對正確,機位必先確認,並帶著航空公司的當地訂位電話。 |
| | 提款卡/金融卡 | 記得先問發卡公司,可否海外提款、及確認密碼。 |
| | 信用卡 | 如有必要,請發卡公司提高額度以備不時之需,並將海外救援及掛失電話抄起來。 |
| | 旅行支票 | 避免遺失被冒用,記得先在所有人欄上簽名。 |
| | 現金 | 記得多換些面額小一點的,以免大鈔有的店家不收。 |
| | 護照、簽證影本 | 兩份,一份帶著、一份給家人留著,不甚遺失時可以補辦。 |
| | 大頭照 | 數張,萬一補辦護照時需要,有時辦理當地一些證件時也用的著。 |
| | 洗衣粉 | 之前住宿旅館收集的小香皂也可以,方便攜帶。 |
| | 生理用品 | 自行斟酌。 |
| | 常備藥品 | 感冒藥、腸胃藥、止痛藥等慣用藥品,特殊藥品要要帶一份醫師處方籤,以備當地醫生開藥。 |
| | 雨衣、雨具 | 氣候難預料,有備無患。 |
| | 電壓轉換插頭 | 會使用電器者必備,最好準備2個,可同時使用筆記電腦、以及數位相機充電。 |
| | 相機、記憶卡、電池、充電器 | 注意記憶卡容量,多準備比較保險。 |
| | 電子字典 | 視個人需求,有時可以解決不少問題。 |
| | 迷你計算機 | 方便會計換算台幣金額,不至於不小心過度消費。 |
| | 塑膠袋 | 裝髒衣服。 |
| | 輕便的好書 | 等車或搭飛機時不無聊。 |
| | | |
| | | |
| | | |

# 伴手禮採買計畫表

| | 人名 | 關係 | 交情 | 預算 | 禮物名稱 | 預計<br>採購店家 | 替代品 | 實際金額 | |
| --- | --- | --- | --- | --- | --- | --- | --- | --- | --- |
| | | | | | | | | 外幣 | 台幣 |
| 1 | | | ☆☆☆☆☆ | | | | | | |
| 2 | | | ☆☆☆☆☆ | | | | | | |
| 3 | | | ☆☆☆☆☆ | | | | | | |
| 4 | | | ☆☆☆☆☆ | | | | | | |
| 5 | | | ☆☆☆☆☆ | | | | | | |
| 6 | | | ☆☆☆☆☆ | | | | | | |
| 7 | | | ☆☆☆☆☆ | | | | | | |
| 8 | | | ☆☆☆☆☆ | | | | | | |
| 9 | | | ☆☆☆☆☆ | | | | | | |
| 10 | | | ☆☆☆☆☆ | | | | | | |
| 總金額 | | | | | | | | | |

# 行程規劃表

| | Day 1 | Day 2 | Day 3 | Day 4 |
|---|---|---|---|---|
| 早　餐 | | | | |
| 上午 — 景點名稱 | | | | |
| 上午 — 內容 | | | | |
| 上午 — 交通方式 | | | | |
| 午　餐 | | | | |
| 中午 — 景點名稱 | | | | |
| 中午 — 內容 | | | | |
| 中午 — 交通方式 | | | | |
| 晚　餐 | | | | |
| 夜生活 | | | | |

# 行程規劃表

| | | Day 5 | Day 6 | Day 7 | Day 8 |
|---|---|---|---|---|---|
| 早 餐 | | | | | |
| 上午 | 景點名稱 | | | | |
| | 內容 | | | | |
| | 交通方式 | | | | |
| 午 餐 | | | | | |
| 中午 | 景點名稱 | | | | |
| | 內容 | | | | |
| | 交通方式 | | | | |
| 晚 餐 | | | | | |
| 夜生活 | | | | | |

# 行程規劃表

| | Day 9 | Day 10 | Day 11 | Day 12 |
|---|---|---|---|---|
| 早餐 | | | | |
| 上午 — 景點名稱 | | | | |
| 上午 — 內容 | | | | |
| 上午 — 交通方式 | | | | |
| 午餐 | | | | |
| 中午 — 景點名稱 | | | | |
| 中午 — 內容 | | | | |
| 中午 — 交通方式 | | | | |
| 晚餐 | | | | |
| 夜生活 | | | | |

# 我的私房新發現

照片、車票
相關小卡
黏貼處

手繪小map

DATA
⊠　　　　　　　　　( 
➡　　　　　　　　　🕐
FAX　　　　　　　　$
http　　　　　　　@

照片、車票
相關小卡
黏貼處

手繪小map

DATA
⊠　　　　　　　　　( 
➡　　　　　　　　　🕐
FAX　　　　　　　　$
http　　　　　　　@

# 我的私房新發現

照片・車票
相關小卡
黏貼處

手繪小map

| DATA | ✉ | | 📞 |
|------|---|---|---|
| | ➡ | | 🕐 |
| | FAX | | 💲 |
| | http | | @ |

照片・車票
相關小卡
黏貼處

手繪小map

| DATA | ✉ | | 📞 |
|------|---|---|---|
| | ➡ | | 🕐 |
| | FAX | | 💲 |
| | http | | @ |

# 我的私房新發現

照片、車票
相關小卡
黏貼處

手繪小map

**DATA**
- ⊠
- ➡
- FAX
- http
- ☎
- 🕐
- $
- @

照片、車票
相關小卡
黏貼處

手繪小map

**DATA**
- ⊠
- ➡
- FAX
- http
- ☎
- 🕐
- $
- @

# 記帳本

※交通【船票／車票／機票】

| 日期 | 項 目 | 金 額 | | 刷卡／現金 |
|---|---|---|---|---|
| | | 外幣 | 台幣 | |
| | | | | |
| | | | | |
| | | | | |
| | | | | |
| | | | | |
| | | | | |
| | | | | |
| | | | | |
| | | | | |
| | | | | |
| | | | | |
| | | | | |
| | | | | |
| | | | | |
| | | | | |
| | | | | |
| | | | | |
| 總金額 | | | | |

# 記帳本

**※購物**

| 日期 | 項　目 | 金　額 | | 刷卡/現金 |
| --- | --- | --- | --- | --- |
| | | 外幣 | 台幣 | |
| | | | | |
| | | | | |
| | | | | |
| | | | | |
| | | | | |
| | | | | |
| | | | | |
| | | | | |
| | | | | |
| | | | | |
| | | | | |
| | | | | |
| | | | | |
| | | | | |
| | | | | |
| | | | | |
| | | | | |
| | | | | |
| 總金額 | | | | |

# 記帳本

※餐飲【三餐／點心】

| 日期 | 項　目 | 金　額 | | 刷卡／現金 |
|---|---|---|---|---|
| | | 外幣 | 台幣 | |
| | | | | |
| | | | | |
| | | | | |
| | | | | |
| | | | | |
| | | | | |
| | | | | |
| | | | | |
| | | | | |
| | | | | |
| | | | | |
| | | | | |
| | | | | |
| | | | | |
| | | | | |
| | | | | |
| | | | | |
| | | | | |
| 總金額 | | | | |

# 記帳本

※門票

| 日期 | 項　目 | 金　額 | | 刷卡/現金 |
|---|---|---|---|---|
| | | 外幣 | 台幣 | |
| | | | | |
| | | | | |
| | | | | |
| | | | | |
| | | | | |
| | | | | |
| | | | | |
| | | | | |
| | | | | |
| | | | | |
| | | | | |
| | | | | |
| | | | | |
| | | | | |
| | | | | |
| | | | | |
| | | | | |
| | | | | |
| | | | | |
| 總金額 | | | | |

# 哥本哈根 Copenhagen

**So Easy 045**

| | |
|---|---|
| 作　　者 | 李清玉 |
| 攝　　影 | 李清玉 |

| | |
|---|---|
| 總 編 輯 | 張芳玲 |
| 書系主編 | 張敏慧 |
| 特約編輯 | 馬栗亞 |
| 美術設計 | 許志忠 |
| 地圖繪製 | 許志忠 |

太雅生活館出版社
TEL：(02)2880-7556　FAX：(02)2882-1026
E-MAIL：taiya@morningstar.com.tw
郵政信箱：台北市郵政53-1291號信箱
太雅網址：http://taiya.morningstar.com.tw
購書網址：http://www.morningstar.com.tw

| | |
|---|---|
| 發 行 所 | 太雅出版有限公司 |
| | 台北市111劍潭路13號2樓 |
| | 行政院新聞局局版台業字第五○○四號 |

| | |
|---|---|
| 承　　製 | 知己圖書股份有限公司 台中市407工業區30路1號 |
| | TEL：(04)2358-1803 |

| | |
|---|---|
| 總 經 銷 | 知己圖書股份有限公司 |
| | 台北公司 台北市106羅斯福路二段95號4樓之3 |
| | TEL：(02)2367-2044　FAX：(02)2363-5741 |
| | 台中公司 台中市407工業區30路1號 |
| | TEL：(04)2359-5819　FAX：(04)2359-5493 |
| | 郵政劃撥 15060393 |
| | 戶　　名 知己圖書股份有限公司 |

| | |
|---|---|
| 廣告刊登 | 太雅廣告部 |
| | TEL：(02)2880-7556　E-mail：taiya@morningstar.com.tw |

| | |
|---|---|
| 初　　版 | 西元2008年5月1日 |
| 定　　價 | 270元 |

(本書如有破損或缺頁，請寄回本公司發行部更換，或撥讀者服務專線04-23595819)

ISBN　978-986-6629-03-7
Published by TAIYA Publishing Co.,Ltd.

Printed in Taiwan

國家圖書館出版品預行編目資料

哥本哈根 = Copenhagen／李清玉 著.
——初版. ——臺北市：太雅, 2008.05
面： 公分. ——（So easy：45）含索引
ISBN　978-986-6629-03-7 （平裝）

1.旅遊　2.丹麥哥本哈根

747.3719　　　　　　　　　　97006538

## 掌握最新的生活情報，請加入太雅生活館「生活技能俱樂部」

很高興您選擇了太雅生活館(出版社)的「生活技能」系列，陪伴您一起享受生活樂趣。只要將以下資料填妥回覆，您就是「生活技能俱樂部」的會員，將能收到最新出版的電子報訊息。

這次購買的書名是：生活技能 / **哥本哈根** (So Easy 045)

1.姓名：＿＿＿＿＿＿＿＿＿＿＿＿　性別：□男 □女

2.出生：民國＿＿＿＿年＿＿＿＿月＿＿＿＿日

3.您的電話：＿＿＿＿＿＿＿＿　E-mail：＿＿＿＿＿＿＿＿＿＿＿＿

　地址：郵遞區號□□□ ＿＿＿＿＿＿＿＿＿＿＿

4.您的職業類別是：□製造業 □家庭主婦 □金融業 □傳播業 □商業 □自由業 □服務業
　　　　　　　　　□教師 □軍人 □公務員 □學生 □其他

5.每個月的收入：□18,000以下 □18,000~22,000 □22,000~26,000 □26,000~30,000
　□30,000~40,000 □40,000~60,000 □60,000以上

6.您是如何知道這本書的出版？□＿＿＿＿＿報紙的報導 □＿＿＿＿＿報紙的出版廣告
　□＿＿＿＿＿雜誌 □＿＿＿＿＿廣播節目 □＿＿＿＿＿＿＿＿＿網站 □書展
　□逛書店時無意中看到的 □朋友介紹 □太雅生活館的其他出版品上

7.讓您決定購買這本書的最主要理由是？ □封面看起來很有質感 □內容清楚，資料實用
　□題材剛好適合 □價格可以接受 □資訊夠豐富 □內頁精緻 □知識容易吸收 □其他

8.您會建議本書哪個部分，一定要再改進才可以更好？為什麼？
＿＿＿＿＿＿＿＿＿＿＿＿＿＿＿＿＿＿＿＿＿＿＿＿＿＿＿＿＿＿＿＿＿＿＿

9.您是否已經照著這本書開始旅行？使用這本書的心得是？有哪些建議？
＿＿＿＿＿＿＿＿＿＿＿＿＿＿＿＿＿＿＿＿＿＿＿＿＿＿＿＿＿＿＿＿＿＿＿

10.您平常最常看什麼類型的書？□檢索導覽式的旅遊工具書 □心情筆記式旅行書
　□食譜 □美食名店導覽 □美容時尚 □其他類型的生活資訊 □兩性關係及愛情
　□其他

11.您計畫中，未來想要前往的城市是？ 1.＿＿＿＿＿＿＿ 2.＿＿＿＿＿＿＿

　3.＿＿＿＿＿＿＿ 4.＿＿＿＿＿＿＿ 5.＿＿＿＿＿＿＿

12.您平常隔多久會去逛書店？□每星期 □每個月 □不定期隨興去

13.您固定會去哪類型的地方買書？ □＿＿＿＿＿連鎖書店 □＿＿＿＿＿傳統書店

　□＿＿＿＿＿便利超商 □＿＿＿＿＿網路書店 □其他＿＿＿＿＿＿＿＿

14.哪些類別、哪些形式、哪些主題的書是您一直有需要，但是一直都找不到的？
＿＿＿＿＿＿＿＿＿＿＿＿＿＿＿＿＿＿＿＿＿＿＿＿＿＿＿＿＿＿＿＿＿＿＿

15.您曾經買過太雅其他哪些書籍嗎？＿＿＿＿＿＿＿＿＿＿＿＿＿＿＿＿＿＿＿

填表日期：＿＿＿＿年＿＿＿＿月＿＿＿＿日

廣　告　回　信
台灣北區郵政管理局登記證
北台字第１２８９６號
免　貼　郵　票

## 太雅生活館　編輯部收

10699 台北郵政53～1291號信箱
電話：(02)2880-7556

傳真：**02-2882-1026**
(若用傳真回覆，請先放大影印再傳真，謝謝！)

太雅生活館

有品味的生活學習，從太雅生活館開始